ファシリテーションの技法

——アクティブ・ラーニング時代の造形ワークショップ

高橋陽一 著

武蔵野美術大学出版局

もくじ

表紙デザイン　白尾デザイン事務所

まえがき

アートの現場にいる作家、デザイナー、美術教員、そして美術大学の学生たちが、造形ワークショップを担う実力を磨くにはどうしたらよいか。『ファシリテーションの技法――アクティブ・ラーニング時代の造形ワークショップ』と題する本書は、アクティブ・ラーニングによる教育改革の時代に、造形ワークショップを促進するファシリテーションの技法について伝えようとするものである。

この数年で急速に「主体的・対話的で深い学び」というアクティブ・ラーニングが、学校現場に広がった。また、アートの世界でも、ワークショップやファシリテーションという言葉が、前世紀末から二〇年ほどで定着した。こうしたアートと教育にかかわる人々のなかで、改めて造形ワークショップとファシリテーションに関する理論と実践を考えようとする動きが進んでいる。

武蔵野美術大学で一九九八（平成一〇）年度に「美術と福祉プログラム」を開始して、もう二〇年を超えた。社会福祉の現場で高齢者や障害者とのワークショップを学んだ教職課程履修者は二〇〇〇名を大きく超えて、卒業者が美術教育の中堅指導者として活躍している。美大生全般を対象とした「造形ファシリテーション能力獲得プログラム」も二〇〇九（平成二一）年度から始まり、地域をフィールドに様々な模索が進んでいる。こうした大学教育での試みに、社会福祉施設職員、地域のボランティアなど多種多様な人たちが連携してくれた。また、文部科学省が、二〇〇六年度、二〇〇九年度と二度にわたって、これらのプログラムの改革と普及を支援したことにも感謝したい。

本書の内容は、武蔵野美術大学造形学部の学生を対象として二〇〇九年から始まった「ワークショップ実践研究Ⅰ」と、小学校・中学校・高等学校・特別支援学校などの図画工作科・美術科・工芸科の教員を対象として二〇〇八年度（文部科学省補助による試行年度）から始まった免許状更新講習（必修領域、二〇一七年度より選択必修領域）のための、講義ノート、課題シート、配付プリント、受講者からの感想などがもとになっている。

武蔵野美術大学では二〇一九年度より「ワークショップ実践研究Ⅰ」の学生と「免許状更新講習・選択必修領域（学習指導要領とアクティブ・ラーニングの動向）」の現役教員のためのテキストとして本書を指定する。多くの読者に向けては、これらレクチャーで実際に行う技法の訓練や質疑応答を、テキストを読みながら体験できるように工夫している。各章の冒頭には、「キーワード」と「要約」を掲げた。そして章末には、「Q＆A」で実際に受講教員や学生から多く寄せられた質問を掲載し、「練習問題」では受講者の討議課題を掲げ、「参考手法」では時間内や事後の課題やその様式を掲載し、「参考資料」として発展的に研究したい文献などを掲げた。また検索に便利なように文中のゴシックの文字は、巻末に索引として掲載した。

第1章「教育としての造形ワークショップ」は、造形ワークショップの理論編である。ワークショップの語義を歴史的変遷から三段階に区別することや、海後宗臣《かいごときおみ》の教育構造論にしたがって陶冶《とうや》と教化《きょうか》と形成という概念を用いて説明している。これらの点は、他のワークショップ理論書と本書の大きな違いなので、ワークショップに詳しい方にもぜひ読んでいただきたい。本書では、「ワークショップとしか言えないワークショップ」や「反教化的教化」という概念を提起することで、造形ワークショップの社会的機能やファシリテータの意味を教育学的立場から明確にしようとするものである。

第2章「生涯学習社会と共生社会とワークショップ」は、美術にかかわるすべての人々に向けての常識の再確認である。「すべての人々にアートの楽しみを」と考えることは、「すべて」という点でも、「アート」という点でも、作家やデザイナーや美術教員の我田引水ではなく今日の世界的常識であるということを述べる。そのためには、生涯学習社会の理念や、インクルーシブ社会システムを含む、障害の有無にかかわらず協働していく共生社会の理念を確認し、こうした理念を権利として確立した二一世紀の世界的動向を踏まえる必要がある。

第3章「アクティブ・ラーニングとワークショップ」は、二〇一七（平成二九）年と翌年の学習指導要領の改正にともなって、学校現場の喫緊の教育改革の課題を説明するものである。ワークショップは学校教育改革のために歴史的に登場しつつ、つねに陶冶としての学校教育と異質性を持ってきた。主体的・対話的で深い学びであるアクティブ・ラーニングとして、造形ワークショップを美術教育の手法に位置づけておく必要がある。

第4章から第6章は、造形ファシリテーション能力を、「企画力」と「組織力」と「記録力」の三つに区分して、その技法を含めて説明する。

第4章「企画力——問題発見能力と問題解決能力」は、企画とその目的・目標を考察しながら、具体的に企画書をどうまとめるか、どう活用するかというファシリテーションの技法編である。企画書を三段階に分けて、プロセスを重視した。第5章「組織力——コミュニケーション能力とプレゼンテーション能力」も、プレゼンテーションやコミュニケーションという行為を磨くための実践的な提起である。第6章「記録力——記録と表現のプロセス」も、「ワークショップ・リテラシー」や「記録と表現」をキーワードに造形ワークショップを記録して表現するという実践のあり方を示している。

本書の位置づけとしては、二〇〇九年度からの「造形ファシリテーション能力獲得プログラム」のテキストである高橋陽一著『造形ワークショップを支える――ファシリテータのちから』の全面改訂版でもある。この二〇一二年刊行のテキストから基本的な発想と概念は変わらないが、社会と学校でのワークショップの理解と普及は、この数年間の変化は大きなものだったと改めて実感する。

造形ワークショップを支えるというファシリテーションについて、それぞれの現場で、本書が助けになれば幸いである。

二〇一八年一二月三一日

高橋　陽一

第1章
教育としての造形ワークショップ

キーワード

ワークショップ　造形ワークショップ　作業場・工房
講習会・実習　ワークショップとしか言えないワークショップ
ジョン・デューイ　海後宗臣　陶冶　教化　形成
反教化的教化　参加者　ファシリテータ
造形ファシリテーション能力　企画力　組織力　記録力

要　約

ワークショップは、古くは作業場・工房の意味であったが、20世紀アメリカの進歩主義教育運動で講習会・実習という第二の意味が加わった。しかし造形ワークショップは、ワークショップとしか言えないワークショップという第三の意味をみなければ理解できない。海後宗臣は教育の形式を、陶冶と教化と形成という三つに区分して構造を示した。また教育の目的からは、次世代の育成としての教育と秩序づけのための教化が区分される。ワークショップとしか言えないワークショップは海後宗臣の言う教化に該当するが、それが誘導や教え込みとしての教化にならないよう、反教化的教化ということを強調したい。ワークショップは、参加者とファシリテータで構成されるが、造形ワークショップでファシリテータが役割を果たすには、造形ファシリテーション能力が求められる。

ワークショップとは何か

ワークショップとは何か。この問いは、様々な分野でワークショップにかかわってきた人たちが自ら問い、自ら答えてきた論題である。[*1] ここで検討の中心となるのは、美術の分野でのワークショップ、とりわけ私たちが**造形ワークショップ**と呼んできた、造形の楽しさをあらゆる人たちが享受するための営みである。それは、参加者が主体となって造形のプロセスや結果を楽しむことが最大の目的であるから、知識や技術の習得や資格の取得などを目的とするものではなく、指導したり評価したりする教師と呼ぶべき存在は不要である。もちろん、ワークショップの大きな目的や達成される目標を明示して計画を練って準備を整え、参加者が活動を始めたら後ろから見守るファシリテータは必要である。

ここで考えるワークショップについて、私自身は、二〇〇二（平成一四）年に「教化」という方法論上の定義を与え、[*2] 二〇〇九年に「反教化的教化」として目的論から定義を進め、[*3] さらに二〇一一年には「助力的様態」としての歴史的位置づけを確認した。[*4] これらを定義する際に、私は「ワークショップとしか言えないワークショップ」を他と区別して位置づける三段階説をとり、第一の原義である**作業場・工房**と第二の派生的意義である**講習会・実習**との二つに区別する二段階説をとる多くの辞典や論書と異なる論じ方をしてきた。このことを本書の前身となる『造形ワークショップを支える』でも強調したが、[*5] その後は徐々に三段階説が広がりつつあることは幸いである。

ワークショップとしか言えないワークショップとは

この「**ワークショップとしか言えないワークショップ**」の定義は、これからの本題だが、話は長いので最初に言っておこう。それは、「参加者が主体となった教育であり、その過程や結果を参加者が享受することを目的とするが、その知識や技術の習得や資格の取得などを目的とせず、さらに準備して見守るファシリテータは存在しても、指導して評価する教師が存在しないもの。」と条件づけが重なる長い定義となるだろう。

これまで繰り返し述べてきた私による定義だが、武蔵野美術大学の大学院のゼミで過去の私の著作をテキストに大学院生たちとディスカッションすると、「長文でわかりにくい」と言われる。また、現職の美術教員との討議では、「ここまで詳しく定義すると実際の事例に該当しないのではないか」という批判もあった。ただ、いままでの自分がかかわってきた造形ワークショップの方法と目的を社会的に明確に位置づけて今後を展望するためには、講習会や実習とは異なる「ワークショップとしか言えないワークショップ」を第三の意味として明示することが適切であると考えている。こうした理念型としての純粋の定義を示すことで、複雑で多様な現象を分析しようという手法である。本章では、こうした論点をもう一度整理し直して、「ワークショップとしか言えないワークショップ」を論じることとしたい。

この際、私はワークショップを教育として、つまり教育学上の対象として分析することで議論を進める。それは第二の意味のワークショップが世界的な新教育運動の一環として戦前のアメリカに登場し、それが戦後日本の教育改革として定着したのだから、教育学的分析が最も対象に合致した学術的アプローチだと考えるからでもある。

第一節　ワークショップの語源から

ワークショップの様々な定義

現在の日本においてワークショップの実践と研究は、多様な分野で百家争鳴である。武蔵野美術大学の「造形ファシリテーション能力獲得プログラム」などのプロジェクトでは、造形分野以外も含めて、毎年多彩なオピニオンリーダーのお話をうかがってきた。二〇一一（平成二三）年六月に招聘した中野民夫は、近年のワークショップの様々な分野に影響を与えた人物であることは言うまでもない。とくに二〇〇一年の著書、岩波新書『ワークショップ』は、広汎なワークショップの分野をとりまとめた啓発書として今日まで広く普及している。この著書で中野は冒頭にワークショップという言葉を「体験学習」や「参加型学習」、さらに「未知の何かを共同で生み出す創造の技法」として言及して、さらに「先生や講師から一方的に話を聞くのではなく、参加者が主体的に論議に参加したり、言葉だけではなくからだや心を使って体験したり、相互に刺激しあい学びあう、グループによる学びと創造の方法」とまとめている。さらに本論では「ワークショップとは何か」をテーマに多様な分野と定義を紹介しており、「参加」や「体験」や「グループ」というキーワードに注目しつつ、「双方向的、全体的、ホリスティック（全包括的）な『学習』と『創造』の手法が『ワークショップ』だ。」と述べている。[*6] この中野の定義は広がりと深みを感じさせるが、参加や体験をキーワードにする創造的な学習という性格とともに、「共同」「グループ」「相互」「双方向」という活動主体の集団性を強調していることが特徴と読みとれる。

また二〇一〇年（平成二二）六月に招聘した堀公俊は、企業研修等のワークショップを中心に大きな影響を与えたオピニオンリーダーである。堀は、「ワークショップとは何か？　私は五つの要素〈参加〉〈体験〉〈協働〉〈創造〉〈学習〉をいつもお話ししています。」と語る。[*7] また、「ワークショップとは、主体的に参加したメンバーが協働体験を通じ創造と学習を生み出す場です。」と述べている。[*8] これらの堀の定義もまた、参加や体験をキーワードにする創造的な学習という性格とともに、「協働」という活動主体の集団性を強調している点で、中野の定義と共通する。

こうしたグループ活動や協働は、ワークショップという活動の理解しやすい側面である。しかし、私はグループ活動などの形態は、ワークショップに多く見られる形態ではあっても、「ワークショップとしか言えないワークショップ」では、その本質的規定とはならないと考えている。なぜなら、グループ活動やグループ学習は古来から広く活用された教育のスタイルであって、ワークショップに固有のものとは言いがたい。つまり参加者一人だけのワークショップもまたワークショップであることは、第5章で論じる予定である。

その前に、ワークショップを定義する意味を考えておこう。このように武蔵野美術大学に招待した先達には、それぞれの立場のワークショップの定義をうかがってきた。そのなかで、刺激的なものとして、世田谷美術館の開設と同時に、ワークショップを進めてきた髙橋直裕に注目したい。彼は、「定義はないんです」と断ったうえで、「場と時間を共有して、楽しく何か新しいものが創造できれば、それはワークショップです。」と述べた。[*9] また髙橋直裕の著書でも「いまだに世田谷美術館ではワークショップという言葉には定義はない。ましてや活動形態からそれがワークショップであるか否かの判別ももちろんない。なぜなら、ワークショップは世田谷美術館における様々な活動の総称であり、それ以上の意味は何らもたないからである。ささやかながら、それが開館以来の伝統なのだ。」としている。[*10]

この髙橋直裕の提起は、禅語に匹敵する深みがあるだけではなく、今後を見据えた戦略性においても賛同できる。まだ定義論や範疇論で議論するほどワークショップは豊かに発展しておらず、まずは進めていくべきであるという楽天的な姿勢は、大いに見習うべきだと思う。

しかしながら、教育学とりわけ教育史学（宗教教育・国学）を専攻してきた私は、必ず成功する教育という例を知らないし、往々にして教育の目的が裏切られて悲惨な結果を生む歴史があることを教訓としている。この悲観的な立場からは、今後展開するワークショップをまず定義すること、それを把握して制御ができるようにすること、少なくともそれにかかわる人が第三者に伝えられる言説を確立することが必要だと考える。今風に言えば、教育の説明責任やインフォームド・コンセントとでも言うべきものが必要であり、そのためには言葉、つまり概念の定義にこだわらざるを得ないのである。

ワークショップの二段階説

多くの研究者や実践者が言及してきたように、ワークショップには作業場や工房としての原義と、それから派生した講習会や実習などの意味がある。このように二段階に分ける説は、ほぼ通説と言ってよい。例えば、第六版の『広辞苑』は次のように二段階で定義する。

> ワークショップ【workshop】①仕事場。作業場。②所定の課題についての事前研究の結果を持ち寄って、討議を重ねる形の研修会。教員・社会教育指導者の研修や企業教育で採用されることが多い。*11

よく読み込むとこの『広辞苑』第六版の、第二段階の定義は極めて特殊で、一般性がない。このとおりだと、事前に宿題のような「所定の課題」があって、それの結果を持ち寄って、参加するという定義である。しかも、まず教員や社会教育指導者というかなり狭い世界があげられて、次に企業教育があげられる。このとおりであれば、先に見た中野民夫や堀公俊が定義するワークショップのかなりの部分や、私たちが考えている造形ワークショップそのものは、ワークショップではない、となる。

次に英語の最も代表的な辞典である『オクスフォード英語辞典』The Oxford English Dictionary の一九八九年版を見てみよう。

1. A room, apartment, or building in which manual or industrial work is carried on.〔手工業や工業の作業が行われる部屋や区画や家屋。〕 2. A meeting for discussion, study, experiment, etc., orig. in education or the arts, but now in any field; an organization or group established for this purpose.〔討議や学習や実験実習等のための会合。本来は教育や芸術分野だが、今日ではどんな分野でも行なわれる。また、この目的のための組織やグループを指す。[*12]〕

『広辞苑』と『オクスフォード英語辞典』の第一段階の定義はほぼ同一であり、作業場や工房のことだろう。次の第二段階の派生した意味が少し異なる。『オクスフォード英語辞典』は、教育とともに芸術に言及して、現在ではあらゆる分野で行われていることに言及している。

また、この辞典は出典の年代を明記することで、言葉の登場時期を明確にする機能を持っているが、第一の原義である作業場や工房としては、一五六二年や一五八三年の用例をあげている。第二の派生的な意味は、一九三七年のニューヨークタイムズなどを典拠とする二〇世紀の用例である。これが、後に見るように新教育運動からワークショップが登場した時代である。

ここで、二〇一八（平成三〇）年に公刊された『広辞苑』第七版は、二段階説から三段階説へと移行したことに注目したい。

ワークショップ【workshop】①仕事場。作業場。②所定の課題についての事前研究の結果を持ち寄って、討議を重ねる形の研修会。教員・社会教育指導者の研修や企業教育で採用されることが多い。③進行役や講師を迎えて行う美術・音楽・演劇・舞踏などの体験型講座。*13

ここでは①と②は従来通りで、新たに③の項目が加えられた。教師役ではないファシリテータを意味する「進行役」などを明示して美術などを特筆している。このように最新版の『広辞苑』が三段階説に変更されたことは、これから述べる第三の意味をも言わなければ、今日のワークショップが理解できないという現実を反映している。

第一の意味　作業場・工房

英語の当初からの**作業場・工房**という意味のワークショップは、幕末に日本へやってきた。吉沢典男・石綿敏雄編『外来語の語源』は本文では「①作業場、仕事場、職場。②研究集会。専門家の助言を得ながら参加者が問題の解決にあたるもの。とくに教職員の研修のために行われる集会。」と記して、ほぼ『広辞苑』と同じ解釈をとるが、この第一の意味によるものを幕末からの英和辞典で確認して、「仕事場、細工場（英三　文久二）作工所、細工所（英七　明六）職場（英八　明九）工作所（英九　明一五）工場（英一三　明二一）製作所、製造店（英一五　明治二五）作業場（英一九　昭六）」と列記する。[*14]「英三」などは出典とした英和辞典の略記号、「文久二」などは一八六二（文久二）年などと、その辞典の刊行年を意味する。つまり幕末から明治の辞典では、第一の意味が普通に翻訳語として記載されたことがわかる。

翻訳語として列記されている細工場、作工所、製作所などは、江戸時代の文書ではあまり見ない用語である。こうした言葉が、近代以前の職人たちの職場を理解する言葉と言うよりも、近代の新しい小規模の作業所、工房を理解する翻訳語として定着していく。

ワークショップを作業場や工房の意味で使用する用法はいまでもイギリスやアメリカでつづいており、都市を歩くとワークショップという看板を見かけることが少なくない。町の小さな工場、修理店などである。有名なところでは、日本でも放送されたアメリカの長寿番組「セサミストリート」のアメリカの番組制作会社はチルドレンズ・テレビジョン・ワークショップ Children's Television Workshop と言い、のちにセサミ・ワークショップ Sesame Workshop と称している。この番組の理念や手法は新しい意味でもワークショップ的なのだが、制作会社の名前は原義の工房としてのワークショップである。このように一六世紀から確認できる言葉が、五〇〇年近くも生きつづけていることとなる。

なお、第一の意味のワークショップが、新しい意味を帯びる現象は、二〇世紀初頭の日本の教育改革である**大正自由教育**でも見られた。奈良女子高等師範学校附属小学校の主事として「合科学習」を唱えて、今日の「総合的な学習の時間」の先鞭をつけた木下竹次（一八七二〜一九四六）は、一九二三（大正一二）年に発表した主著『学習原論』

において「教室を学習者の作業場 Workshop にしたい。」と、英語の綴りを付記して言明した。[*15] 次の第二の意味がアメリカで語られ始める以前の用例であるが、日本の教育改革でも教えるだけの教室では満足できない動きが進んでいったのである。

第二の意味　講習会・実習

ワークショップに**講習会・実習**という意味が加わったのは、いつのことだろうか。『オクスフォード英語辞典』における第二段階の派生的な意味の用例は、一九三七年を初出とするが、戦後改革期の文部省に勤めて、日本のワークショップ研究の草分けといってよい大照完《おおてるさだむ》は、その一年前の一九三六年夏のオハイオ州立大学での高等学校関係者の会合が最初だとしており、ここから「具体性」「自主性」「協同性」を原理とするワークショップが形成されたとする。[*16] このワークショップを主催したアメリカの進歩主義教育協会とは、一九一九年に設立された教育史上有名な団体であり、哲学者**ジョン・デューイ**（一八五九〜一九五二）らを指導者に戦前のアメリカの教育改革に大きな影響力を持った。二〇世紀初頭の新教育運動は、児童中心の発想やリベラリズムを基調として様々な学説と実験的方法論を含み、アメリカでは経験主義哲学で知られるデューイを中心に**進歩主義教育**を掲げて改革していった。

新教育運動は日本の**大正自由教育**と戦前昭和期の教育改革に大きな影響を与えたものだが、ワークショップという用語が日本に入ってきたのは、戦後である。それは、一九四七（昭和二二）年七月二一日より四週間、東京帝国大学（同年九月に東京大学と改称）を会場にして、東大と文部省の共催で開かれた「教員養成のための研究集会」が最初の実施例であるとする大照完の説に対して、[*17] 現時点でさらに遡る例をあげることができない。日本の**戦後教育改革**は、戦前から蓄積された教育改革論が、日本を占領した連合軍の主力たるアメリカ合衆国の教育改革論と呼応することで進められる。この場もまた、連合軍総司令部GHQの民間情報教育局CIEの指導下で行われているのである。ここで、ワークショップを「研究集会」とする訳語が定着した。このときの研究集会は、大学や師範学校の教員が中心であったが、その後も教育指導者講習IFELが民間情報教育局の指導下に各地で推進され、戦後日本の教育指導者たる教育長や指導主事の講習が行われ、ワークショップの用語はさらに全国各地の現場の教師たちの講習会に普及していく。このときのワークショップは、講義だけではなく、討議や実演などを取り入れて行われるものである。音楽教育家の真篠将《ましのすすむ》が一九五一年に書いたワークショップについての次の紹介は、わかりやすい。

ただ「ワーク・ショップ」といつても、これはアメリカの慣用語であるから、われわれ日本人にはまだピンとこない。しかし、毎年全国各地区ごとに行われている文部省や教育委員会主催の教員研究集会だといえば、大概先生方は、「ああ、あれか」とうなずくほど今日では有名なものになつてしまつた。〔中略〕ワーク・ショップは、アメリカの直輸入であるから、むこうのシステムそのままのものだといつてもさしつかえない。ことに総指導官はC・I・Eの係官であるからおして知るべしである。正会員の会期は丸一週間で、日程はこれまた実に充実したものである。午前中は主催地の大学教授の講義、会場校の実演授業（授業説明—実演授業—授業研究会）、特定主題についてのパネル・ディスカッション、特殊講義、リクリエーション等、午後は、十数班に分れて、それぞれの研究主題についての班別研究を五時まで行うのである。*18

一九五〇年代はじめには、新しい外来語ではあるが、すでに「ああ、あれか」と教育関係者がうなずく言葉になってきたのである。戦前の教師たちが経験したような、堅苦しい一方的な講習ではなく、実演や討議、少人数のグループ研究があることを強調している。

また、大照完は、次のようにワークショップを自らの定義として述べている。

筆者はワークショップに次のような定義を与えている。即ち、「ワークショップとは、教育関係者が、専門家による指導援助の便宜を与えられて、現場に必要な問題について、自主的な態度で、協同研究を行うための集まりをいう。」この定義は次の四つの要素から組み立てられている。1専門家による指導援助の便宜　2現場に必要な問題　3自主的な態度　4協同研究　これら四つの要素のうち、どの一つが欠けても、ワークショップたることを失うというのが、この定義の本旨なのである。[*19]

これらの文章のニュアンスは、すでに似た話を読んだ気になった読者も多いだろう。そのとおり、教員や社会教育指導者をまずあげた『広辞苑』の二つめの定義は、この時期のワークショップの説明なのだ。大照完や真篠将が語ったワークショップは、初期からの訳語である「研究集会」「講習」の言葉で教育界に定着した。当初の文部省とCIEがこのワークショップを日本の教育に定着させたが、その後は戦前同様の一方的な「伝達講習」スタイルが主流になって現在に至っている。文部省の大照が定義したような「研究集会」のスタイルを維持したのは、その後の数十年に文部省と激しく対立した教職員組合による毎年の「教育研究集会」であったことは、戦後史の皮肉だろう。そして、官吏も教師もこの数十年で当時のワークショップという定義を一度忘れてしまい、二一世紀になって再びこの言葉に注目したことになる。

その一方で、第二段階の意味で言うワークショップは、教師の世界以外では講習会や実習という形で、広く定着していった。今日の理学、工学、医学、薬学などの学会では、ワークショップが多く催されている。これらは学会研究発表や大会講演会という形ではなく、技術研修やディスカッション中心の少人数の場という形で行われる。「ワークショップ　学会」と二項目を入れて、インターネットの検索エンジンにかけると、ずらっと並ぶのがこうした理工系のワークショップである。また芸術やデザインの世界でも、技術講習会の意味での用例を多く目にすることができる。

第三の意味としてのワークショップ

第一段階の原義である作業場・工房から第二段階の派生的意義である講習会・実習というワークショップへと変化する発端は、世界的な新教育運動のなかで、教師自身の研修のあり方を改善するという動きであり、それは現実的には教師だけではなく多くの専門職の学び方、さらには様々な社会教育や企業教育へと広がるものであった。ただ、こうした講習会や実習という意味でのワークショップは、いま私たちが考えようとしている造形ワークショップと同じものであろうか。

多くの重なるものがあると考えるが、次のように問いたい。つまり、「私たちが美術に関する分野でワークショップと呼んでいるものを、ワークショップではなく、講習会や実習などの言葉に置き換えてぴったりしますか?」という問いである。この問いは、ほぼ、否であろう。

この理由は、語源的に考えると明らかである。美術教育はもともと第一の意味におけるワークショップつまり作業場や工房において、作家や職人のために行われた。他分野におけるワークショップが譬喩《ひゆ》であることに対して、私たちにとっては譬喩ではなく、昔から制作の現場なのである。さらに美術教育が作家や職人のためだけではなく、あらゆる人たちの教育になったとき、つまり、日本では明治維新以後、小学校に図画工作や美術教育が導入されたとき、それは作業場や工房ではなく通常の教室で始められたのだが、そのときでさえ、講義ではなく実技実習であった。つまりアメリカの進歩主義教育家たちが譬喩としてのワークショップという言葉を講義だけではない実習や討議を含む豊かな講習会を言うための言葉として転用したときに、美術教育の現場はもともと講義ではなかったのである。

つまり作家や職人のための美術教育も、あらゆる人たちのための美術教育も、もともと工房的で実習的なものであったのだから、いまさら講習会や実習などと置き換えても、同義反復なのである。こうした論理を推し進めると結論は、こうなりそうだ。美術の分野にはワークショップという言葉は不要である、と。

それにもかかわらず、学校教員や博物館学芸員、社会教育などで美術にかかわる専門家たちがあえてワークショップという言葉を使うのだから、第一の意味でも第二の意味でもないワークショップがあることになる。これが論理の必然である。あえて従来の作業所や工房や講習会や実習と区別して、この言葉を使いたいからである。これを、「**ワークショップとしか言えないワークショップ**」と呼んできた。

こうした論理の展開を進めて、二つめの問いを立てたい。「私たちが美術に関する分野でワークショップと呼んでいるものは、知識や技術の習得やそれに関する資格などが目的ですか?」という、目的についての問いである。この問いも、ほぼ、否であろう。

従来の美術教育は、美術に関する知識や技術、さらに明治以来の常識で言うならば情操も含めて、教育するものである。作家や職人にとっては技術習得がなければ専門教育としての意味がないだろうし、図画工作科や美術科や工芸科は小学校、中学校、高等学校などの教育課程に教科・科目として位置づけられて教育され、教師に成績を評価されて学年修了や卒業等に結びつくものである。美術大学の教育もまさにこの典型であろう。そうした初等から高等までのあらゆる美術教育で、わざわざワークショップと言うのは、従来の美術教育とは異なるものがあるからである。

第二の意味の例としてあげた教師のためのワークショップつまり研究集会としての講習会・実習や、その後に広がる専門家のためのワークショップなどは、直接に技術や知識の習得やそれに基づく資格や免許などが目的である。少し歴史的説明を要することだが、戦後日本の教師のワークショップは自由なブームではなく、切迫したものであった。学校教員の戦争協力による公職追放の実施は限定的であったが、学校制度と教員免許制度が大幅に変わったため、新しい免許状への変更などのため教員再教育としての講習が実施され、そうした指導者養成や新しい免許状の認定講習がワークショップだったのである。連合軍総司令部の民間教育情報局が指導して教員免許制度と結びつくのだから、自主や協同といううたい文句は大切にされながらも、本音はもっと権力的で権威的だったのである。ここまで権柄《けんぺい》ずくなワークショップは軍事占領下における異例なものであろうが、第二の意味でのワークショップは、専門家として生きていくために必要なものを実技講習や討議で習得することが目的であり、場合によっては講習修了による資格や免許などに結びつくものである。この点が、美術分野で新たにワークショップと呼ぶものと異なるのである。

ここでは、まず「ワークショップとしか言えないワークショップ」の存在証明を行い、言語上の意味にとどまらず、技術や知識の習得や資格に直接には結びつかずそれを目的にしないという特徴を論じた。このことが、本書が論じる造形ワークショップを考える前提である。また、造形ワークショップ以外でのワークショップでも同様の特徴を有するならば、「ワークショップとしか言えないワークショップ」として論じるべきであろう。

第二節　ワークショップの教育上の形式をめぐって

教育の様々なスタイルのなかで、ワークショップはどう位置づけられるだろうか。ワークショップが教育改革運動として登場したことは前節で見たとおりであり、この段階から近代の学校教育との関係が問題になる。ここでは教育方法上の問題について、とりわけ教育を構成する人や物の関係から構造を問い直す視点で、その方法や形式における特徴を検討したい。

吉田熊次の広義の教育と狭義の教育

教育を学校の教師の専有物とすること、すなわち、それ以外の多くの人たちが教育に責任と関心をもたなくなることが、近現代の教育の大きな問題である。正確に言えば、教育を学校だけが完全に独占した時代は未だかつてないはずなのだが、幻想としての学校の大きさが問題なのである。

近代日本の教育という言葉は、英語の education やドイツ語の Erziehung などの翻訳語とみてよい。これはラテン語の、引き出すことや教えることを意味する ēdūcō《エーデューコー》 という動詞にまで遡り、この動詞は ex《エクス》（〜から）と引く dūcō《デューコー》 があわさったものである。引き出すことは、教師の専有する行為ではなく、大人たち、いや、すべての人たちが働きかけることのできる行為だろう。

ただ、明治維新以後、近代学校に関心を集めて教育を普及しようとする立場からは、学校と教師の位置を高める必要があった。これが国家的な課題だったのである。戦前日本の代表的な教育学者である吉田熊次《よしだくまじ》（一八七四〜一九六四）の次の文章を注意して読んでほしい。

教育といふ語は之を広義に解することも得べく、又之を狭義に解することも得べし。之を広義に解するときは、人が何等かの影響感化に依りて何等かの進歩発達を見たる場合に広く適用せらる。「教育は如何なる社会にも存す。」といふ場合の如きは教育を広義に解釈せるものなり。又之を狭義に解するときは、或一人の人が他の一定の人に故意に与ふる所の特殊の動作を指す。学校教育は狭義の教育に属するものなりとす。学校教育は、教育の主体たる教師が、其の客体たる生徒に対して具案的に与ふる所の活動にして、最も厳粛なる意義に於ける狭義の教育なり。[*20]

吉田熊次が述べている「広義」と「狭義」という教育の分け方は現代の教育学でも使われる常識的な区分法である。第4章で企画をめぐって再論するが、「影響感化」による広義の教育と、「故意」に「具案的」に、つまりプランをもって行う狭義の教育とに区分するのである。現在も教育を論じるときは、学校の教育について語るのか、それ以外の教育機関を語るのか、あるいは「広義」としてすべての教育行為一般を論じるのかを明確にしないと議論が混乱する。吉田の言う「広義」の教育は、コミュニケーション行為一般や認知活動一般までを「影響感化」に含めることになるので、人間の行為一般を広く教育として把握できることになる。

ただし、吉田の定義の眼目は、学校のみを「最も厳粛なる意義に於ける狭義の教育」と呼び、学校教育を、「教育の主体たる教師が、其の客体たる生徒に対して具案的に与ふる所の活動」と規定したことにある。つまり、学校教育が他の多くの教育に比較して優位に立ち、さらに教師を主体として、生徒を客体とする一方的な関係として学校教育を規定するところに、特徴と問題があるのである。つまり、吉田の教育学、あるいは戦前の日本の教育学は、基本的には学校教育を教育の最上位に置くための理論として機能しようとしたのである。

近代教育観批判

東京帝国大学文学部教育学科教授である吉田熊次の優秀な教え子が、戦後の東京大学教育学部で活躍する**海後**《かいご》**宗臣**《ときおみ》（一九〇一～一九八七）であった。海後の教育学の眼目は、教育を学校教育の専有物としないことである。この理論をすでに戦前から海後は論じていたが、正面から論じたのが、戦後教育改革の最中に書かれた一九四八（昭和二三）年の『教育編成論』である。*21 少し長いのだが、学校中心ではない教育のあり方を論じた箇所を引用する。

学校方式の教育が甚《はなはだ》しく尊重せられたことによつて、教育観が学校を基本とするものになることは当然である。教育を解釈する場合に先ず学校方式による教育を念頭に置いて、これで解釈する基礎をつくつた。その結果は学校の形態をとつた教育を理解するに適切な教育観が立てられ、これを近代教育観としたのである。今日にあつてはこの教育解釈が余りにも長期に亙《わた》つて支配的であつた為に、学校方式による教育解釈が一つの教育通念とまでなつてしまつている。教育といえばそれは学校の如きものと直ちに考えさせるほどになつた。多くの教育論書のうちに見られる教育の解釈は、こうした近代教育観によつて、学校と離るべからざるものとなつてしまつているのである。〔中略〕

こうした教育が近代社会内に於いて重大な意味をもつていることは、あらゆる教育解釈をこれによつて制約することとなる。これを重視するの余り、これ以外の教育の領域を見ることができなくなつてしまつている。こゝにあげた教育解釈を承認して出発したらどうなるであろうか、これ以外の教育は取扱うことができなくなる。それは教育観の框《かまち》が余りにも狭く一つの方式にのみ制約されているからである。かくの如き制約がつけられていることは、教育を正しく発展させようとする場合に拘束を覚えることとなる。近代教育観がこうした制約をなしている点に注目し、この限定された教育解釈を解放しようと考えるのである。

「教育解釈を解放しよう」という文章である。つまり「学校方式」のみで教育を論じる「近代教育観」に対して、これでは教育が論じられないという趣旨であり、いわば学校からの教育の解放宣言である。この宣言のもとで、彼は学校とそれ以外の教育を並列して、三つの「教育構造」を規定していく。「教育構造」とは、教育に登場する人物や物による構造として把握することで、様々な言葉で言い表された教育を類型化することのできる手法であり、スタイル、形式に注目して検討ができるものである。

海後宗臣の言う陶冶

最初に断っておくと、教育学の概念は欧米語からの翻訳と漢籍などを出典とする漢語が入り交じり、論者によって多様な定義があり、全く逆の意味になるときがある。最初に海後宗臣が述べる「陶冶《とうや》」も、人間形成と訳されるドイツ語の Bildung の訳語として使うことが多く、教養、教育、成長などの意味にも使われる。ここでは、海後の言う陶冶という概念の定義はこういうことだと確認して議論を進めるのである。念のために言うと、海後の教育学は、現場の教員の実践にも研究者による教育学研究にも大きな影響を与えたので、この『教育編成論』による定義をもとに教育学を考えている研究者は、決して私だけではない。

さて彼の**陶冶**という概念は、ほぼ学校教育と同じである。「学校内の教室に特殊に展開されている教育構造」だと述べられている。図のとおり、登場するのは、教師と教材と生徒である（図表1）。教室のなかにいる教師と生徒は、教材を間に置いて相互に関係しあっている。吉田熊次は、「教育の主体たる教師が、其の客体たる生徒に対して」と言ったが、海後宗臣はそれほど単純ではなく、陶冶を教師と生徒の相互関係として、この図で描いている。これが教師と生徒の人間関係をめぐる、戦前と戦後の教育観の変化とも言えるだろう。なお、学校教育の世界では学ぶ人のことを、幼稚園では幼児、小学校では児童、中学校や高等学校では生徒、大学では学生と区別して呼ぶことが法令や現場の常識であるが、ここでの議論では煩雑さを避けるために海後にしたがって「生徒」の呼称で代表させる。

この図でもう一つ注目してほしいのは「教材」である。これには教科書をはじめとして教育のために開発された様々なツールが当てはまる。学校教育が吉田熊次が言うように故意に、具案的に行われるためには、この教材が欠かせない。海後はこの教材の存在を陶冶構造の教育に必要なものと考えている。海後の教育史学研究者としてのエネルギーはこの教科書の研究に多く注がれており、石川謙らとともに膨大な『日本教科書大系』全四四巻を編纂したことは名高いし、『図説教科書のあゆみ』などの図録も刊行している。[*22] 学校教育を研究することは、同時にその教材を研究することでもある。

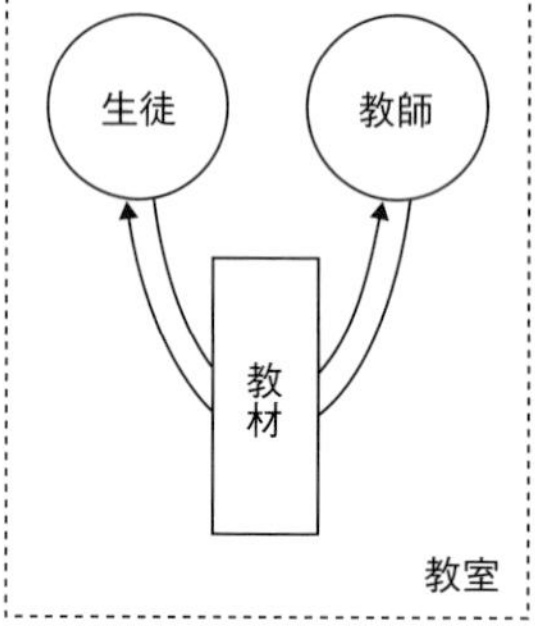

図表1　陶冶

この陶冶構造の教育は、学校教育が典型的にイメージされるが、いわゆる学校だけではない。日本の法律でいう厳密な意味での「学校」は、学校教育法第一条に定められたとおり、幼稚園、小学校、中学校、義務教育学校、高等学校、中等教育学校、特別支援学校、大学及び高等専門学校のみをさすのだが、これ以外の学校スタイルの教育はたくさんある。学校に類似する学習塾やカルチャーセンターは言うに及ばず、部屋でそろばんや習字を教えている様々な塾や教室もこの陶冶構造で理解できる。

メディアを活用して家庭や職場で通信教育に取り組む社会人学生も少なくないが、教室にいなくても学校教育であり、陶冶であることは言うまでもない。生徒の学習の場に教師がいなくても、遠くにいて、添削や成績評価をしている。ときおり通信教育は独学だという解釈があるが、それは見た目だけの解釈である。郵便や放送、インターネットを通じたバーチャルな教室が形成され、教師と生徒が教材を使って典型的な陶冶が行われているのである。

さらにこうした恒常的な教育組織でなくても、陶冶はいろいろな場で行われている。実はこの原稿を書いている最中にインターネット接続の調子がおかしくなって、契約しているサポートセンターに助けを

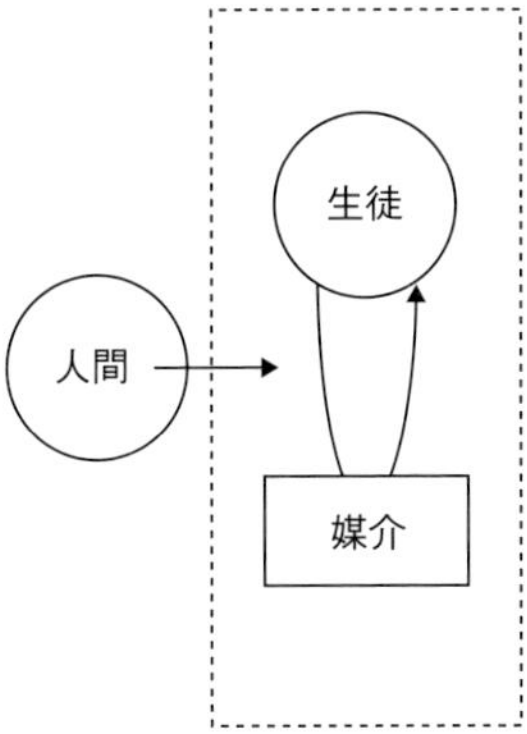

図表2　教化

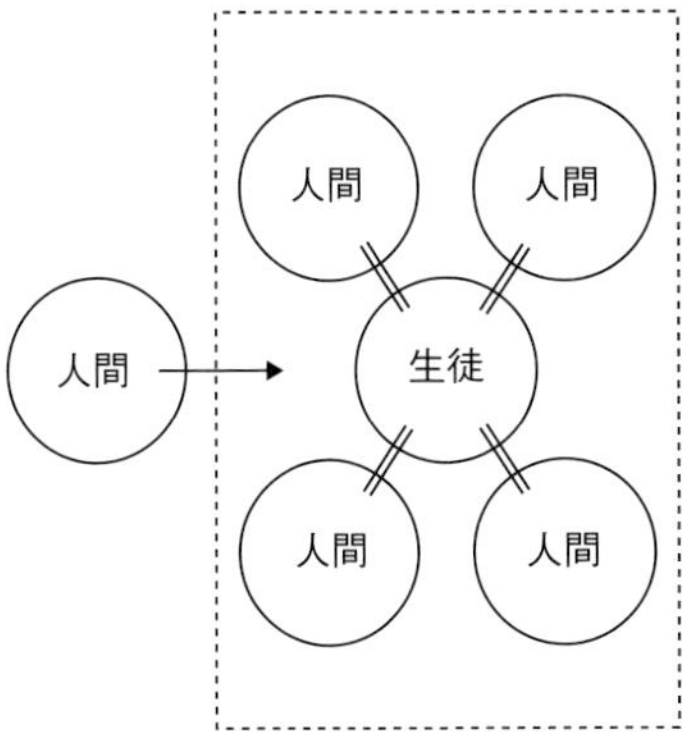

図表3　形成

求めると、担当者は電話で語りかけながら、リモートサポートと称して私のパソコンをインターネット経由の遠隔操作で動かして、画面に表示して設定方法を次々と教えてくれた。この場合は、私が生徒で、サポートセンターの担当者が教師で、電話やパソコン画面を教材としたものであり、陶冶の場なのである。

海後宗臣の言う教化

次に教化《きょうか》である。教化という用語は歴史的には極めて多義的で、宗教教育や社会教育、教養の教え込みなど様々な意味があり、第三節でもまた別の意味を検討する。海後宗臣の言う**教化**は「教育を受ける人間が媒介としての内容に触れてそこで啓発され、自己修養を重ねていく」というスタイルである。図表2（三一頁）を見てほしいが、直接の登場人物は主人公たる「教育を受ける人間」として図に描かれた「生徒」であり、その前にあるのは「媒介」である。媒介は英語やラテン語のメディウム medium の翻訳語であるが、複数形のメディアという形でそのまま現在では外来語として定着している。海後の文章では、読書、博物館、映画などがあげられているが、図書館における図書、博物館における展示された資料、映画館における映画などがメディアである。

この教化構造の教育が、先の陶冶構造の教育と異なることは明瞭であろう。陶冶における「教材」と教化における「媒介」は、「教材」のほうが教育のために故意に具案的に編集されたものであるが、図書としては「媒介」の一種である。媒介のほうが広い概念である。このあたりの相違よりも大きいのが、こちらには「教師」が登場しないことである。生徒が「媒介としての内容に触れてそこで啓発され、自己修養を重ねていく」ということで、生徒本人のみが主体となって教育が成立するのである。

もちろん、図書館や博物館や映画館にはそれを成り立たせている人がいる。海後はさらに、「この場面の背後にあつて、このような教育関係を成立させるために教育的な情熱をもつている人間がなくてはならない」と言う。図の枠の外側にいる「人間」の存在である。このことは後述するのでここでは省略するが、海後の文章に即すれば、図書館の司書、博物館の学芸員、映画館のスタッフなどがこれに相当する。

海後宗臣の言う教化は、図書館や博物館などの大きな教育組織が例にあがる。メディアによる教育と言えば、幕末以来の新聞、この時期にはすでに定着していたラジオ放送、その後にはテレビジョン、さらに現在ではインターネットを活用した文字や画像や音声によるウェブページなどが、次々と思い浮かぶ。そんなに大きくなくてもよい。私の家の玄関のドアには外にむけて、舞台美術家の小石新八（武蔵野美術大学名誉教授）からいただいたカエルの置物が吊り下げられている。たまたま玄関に来た人が、「あ、カエルだ！」と思って楽しい気分になったら、これは教化である。こうした物としてのメディアは昔から洋の東西を問わずあるもので、仏像は博物館にあれば美術資料や民俗資料としての学術研究のメディアであるが、仏閣や路傍にあれば宗教教育のメディアである。また教化は視聴等にとどまらず、何らかの作業をすること、例えばその仏像に手をあわせたり献花したりするという行為もまた含まれる。

もう一度整理すると、海後の言う教化は、人間がメディアに関係して、感じたり行動したりすることで発生する教育であり、メディアをつくったり展示したりした人間が別にいるはずではあるが、その人はその教化の場にいなくても成立する教育なのである。

海後宗臣の言う形成

最後に形成という概念を見よう。海後宗臣は**形成**を説明して、「人間社会には何も見ず、話を聞いたのでもなく、又先生から教授されたのでもなくして、被教育者即ち生徒が育成されてきている事実が存在する」と言い、家や職場や地域を例とする。そこには多くの人間があり、物があるが、「媒介もなく教師もいない教育」があるということなのである。これが図表3（三二頁）である。

媒介つまりメディアとしての物は、何かを意味して伝えるためにつくられた物である。私たちの周囲にある生活や生産のための物は、そのままではメディアではない。祖父母や両親、職場や地域の先達たちは教師とは名乗らない。つまり、私たちの日常に接する人や物の多くは、媒介でも教師でもないのである。

実際には家や職場や地域で、陶冶や教化が行われることも珍しくない。子どものために父母が教師役をしたり、職場や地域で講師を呼んで講座を開いたり、講師を呼ばなくても通信教育の方法で学んだりするのであれば、それは陶冶である。また居間でテレビやラジオを視聴したり、勉強部屋や職場の机でインターネットや書籍で一人で学んだりと、教化の機会もいくらでもある。これに対して、海後宗臣の言う形成が端的に表れるのはメディアなどを用いない場面であり、吉田熊次が故意でも具案的でもなく影響や感化を与えられると述べたような場面である。入退室や食事のマナー、日常の挙動などは、家族の影響を強く受ける。話し言葉や思考パターンなども、地域や職場の雰囲気から身についたりする。形成されているものは、家風や地域や職場の伝統とでもいうものである。

海後宗臣の図表3を見ると、家や地域や職場の外に、また別の人間があることに気づく。「人間関係を場面の外から動かし得る人間の存在を考えなければならない」と言い、「背後から編成することができる」と書いてある。海後が一九四八（昭和二三）年に『教育編成論』を書いている時期はまさにそうであった。民法などを改正して家父長的な家族制度を改めたり、地方自治を民主主義のルールとして強化したり、労働法制を整備して職場の慣行を改めたりという、戦後改革としての民主化が、単に家風や地域や職場の伝統ですまされない問題の改善として取り組まれていた時代である。そう考えるとこの時期だけの図だと思われるかも知れないが、家や地域や職場という小集団は、つねに大きな国家や社会から影響を受けてきた。そもそも家族というものが、時代と地域によって全く考え方が異なる制度や慣習である。また、家や地域や職場のあり方を、社会一般のルールとして考え直すということは決して昔の話ではなく、二一世紀の課題となっている家庭におけるドメスティック・バイオレンスや児童虐待の防止、職場におけるセクシュアル・ハラスメントやパワー・ハラスメントの防止などは、新しい法律と常識によって以前の「慣習」が厳しく問い直されている例でもあると言える。

なお、ここまで解説した海後宗臣が述べた陶冶や教化や形成について、私たちが思いつく教育がどれにあたるかを考えることは、私自身の講義で受講者に提起する作業である。そうすると、実際の教育にはこれらが重層的に現れていることに気づく。学校は陶冶構造の典型例だが、教化構造のための図書室を備えている。さらに教師集団の職場、生徒集団の学校生活の場として見ると、学校の雰囲気、とりわけ子どもたちの意欲や関心や態度といったものは人間集団のなかで形成されることが多い。こうした重層性があることは当然であるが、その複雑さをあえて分析するために、この教育の構造に着目した類型に意味があるのだ。

海後宗臣とワークショップ

『教育編成論』のなかで海後宗臣は、私たちが考えようとする**ワークショップ**が、三つの教育構造、つまり陶冶や教化や形成のどれにあたるかは言明してない。

この著作が書かれたとき、歴史上の人物としての海後は、日本におけるワークショップ導入の、まさに中心にいた。大照完が日本におけるワークショップ導入の嚆矢とする一九四七（昭和二二）年七月二一日から東京帝国大学（九月から東京大学と改称）で開かれた「教員養成のための研究集会」の司会者が、文学部助教授海後宗臣であったのは、当然の配役である。一九五〇年にワークショップのあり方をテーマに開かれた北海道の教育関係者の座談会で彼は、ワークショップが「形式主義」を破ろうとしているという北海道の指導主事の意見を受けて、「みんな理解したやり方でやることは、積極的にいいものを作り出すことにつながつているのでしよう。」と、ワークショップの本質を突いた言い方で励ましている。[*23] ただ、第一節で見たように、これらは戦後教育改革期に実施された教師の研究集会としてのワークショップであり、「ワークショップとしか言えないワークショップ」ではない。

講習会・実習としてのワークショップは陶冶である

海後宗臣の『教育編成論』で示された陶冶や教化や形成という概念は、私たちが第一節で考えたワークショップの問題に対して、再検討のための視点を提供している。

まず、海後自身が司会をしたり促進しようとした戦後改革期の教師の研究集会としてのワークショップだが、これは**陶冶**の構造の教育と考えられる。そこには古いスタイルの学校教育や教員研修を打ち破ろうとするエネルギーがあり工夫があったのだが、生徒としての現役教師らがおり、教師としての大学教授や民間情報教育局の軍人軍属がいる。このワークショップの教師役と生徒役は流動的で、最初のワークショップは大学教授たちも生徒役で、次の段階では教師役になるという形で進んでいった。教師役が広がって全国で網目のようにワークショップを実施していき、GHQのCIEと文部省と大学などが中心にありつづけた。新しい教育の知識と技術、新しい教育制度による教員制度の整備という背景をもって、制度的な正解にたどり着くことを目的に参加者に事実上の評価が与えられる方向でワークショップが推進された。教師が新しい民主主義の教育という教材を生徒に伝えるという構造、連合軍と日本国に評価されるという構造は、まさに学校のような陶冶であろう。

考えてみれば、講習や討議や実技実習というのは昔から学校でやっている。ヨーロッパの中世大学から討議中心のゼミナールはあったし、江戸時代の藩校や私塾でも生徒自身が相互に発表する輪講などは普通のことである。これらはもちろん教授たちの講義の理解を深めて次に進めるために工夫されたのである。それならば、戦後改革期の教師の研究集会としてのワークショップにおいて、先に見た真篠将が「大学教授の講義、会場校の実演授業（授業説明―実演授業―授業研究会）、特定主題についてのパネル・ディスカッション、特殊講義、リクリエーション等、午後は、十数班に分れて、それぞれの研究主題についての班別研究」と描いたスタイルも、結論のある講義を中心にした学校形式の工夫にすぎないと言える。

議論を広げるならば、教師役のいるワークショップ、正解や評価のあるワークショップは、いくら新しい理念を掲げて方法を工夫しても、第一節で第二の意味として述べた講習会や実習と翻訳されたワークショップであり、海後宗臣の言う陶冶なのである。教師が新制度の知識や技術や資格を求めて参加したワークショップのみならず、今日でも理工系の学会などを中心に専門家の研修のために開かれているワークショップもまた、多くは陶冶構造であると言える。

ワークショップとしか言えないワークショップは教化である

それならば、第一節で述べた第三の意味としてのワークショップ、つまり「ワークショップとしか言えないワークショップ」は、どうであろうか。第一節で「私たちが美術に関する分野でワークショップと呼んでいるものは、知識や技術の習得やそれに関する資格などが目的ですか？」と問うて、否だろうと答えた。知識や技術や資格などが目的ではない点が、第二の意味の講習会・実習とは異なる。そこには教師も教師役も必要ではない。教師の教師としての最終的な役割は、単に知識や技術を与えるだけではなく生徒を評価することである。それが重なって合格や修了や卒業を判定し、さらには資格や免許などに結びつく。「ワークショップとしか言えないワークショップ」は、こうしたことを目的としていない。ワークショップの過程自体に意義を見出したり、結果として得られるものが参加者によって異なっていたりするのであり、それがどうであっても不合格だとか合格だとかは判定されないのである。

教師のいない教育。これは海後宗臣の陶冶ではなく、教化か形成である。しかし形成は、メディアのない無意図的なものである。第三の意味のワークショップにも、大きく何のためかという目的や、どんなことができるかという目標が必要で、しかも準備を進めるという慎重な計画が必要なのだ。これはまさに吉田熊次が「故意」や「具案的」と言うものである。さらに造形ワークショップでは明確に作品というメディアが必要である。教師がいなくて媒介があるものとなると、それは海後の言う**教化**の構造の教育以外にはないのである。

もう一度、図表2に掲げた海後の教化の説明図を使って、確認しよう。「生徒」とあるのが、主体であるワークショップの「参加者」である。「媒介」とあるのが「作品」、つまり鑑賞を中心としたワークショップならば作家の作品や多様な文化財だし、制作を中心としたワークショップならば自分自身がつくる作品や参考作品やモチーフ類であろう。指導したり評価したりする教師はこの図にいないが、外から働きかけている「人間」は、計画を練って準備を整えて後ろから見守る「ファシリテータ」なのである。

結論や評価に導くワークショップは陶冶である

造形ワークショップではメディアとしての作品の存在があるので、「ワークショップとしか言えないワークショップ」が海後宗臣の言う教化であるという結論は明確であるが、ワークショップのなかには微妙なものがあることはたしかである。

「ワークショップとしか言えないワークショップ」も故意で具案的なもの、つまり目的や目標があって、きちんと計画され準備されたものである。この点は、**陶冶**に酷似する。しかし、この目的や目標にかかわらず、主体たる参加者が享受するべき過程と結果は自由である。後ろから見守るというのは、簡単なアドバイスをしたり、参加者からの相談に乗ったり、万一危ない場合は対応するということが含まれている。しかし、過程を方向づけて指導して結果を導いたり、その結果を評価したりするものではない。学校の美術教育には評価が不可欠であり、それが社会的な要請であるとともに、子どものために必要なものであるが、造形ワークショップは、そうしたものではないのである。

そうすると、微妙さは、結果を導こうとする点や、評価しようとする点にあることがわかる。造形ワークショップの参加者にとっては、作品がちゃんとできること、つまり知識や技術の習得が目的である場合がある。またその結果を評価してもらいたいこともある。「わーい、できた！」と参加者とファシリテータが互いに喜びあうのは珍しいことではないが、それが知識や技術を習得して「できた！」という評価であれば、それは造形ワークショップではなく、造形教室、つまり陶冶構造の教育である。

この微妙さは、政治や宗教などに関するテーマでは、とても微妙になる。地域の政策課題を考えるとか、人生に関する宗教的な問題を考えるという目的が明示されて、そのテーマについて自由にディスカッションしたり沈思黙考したりして進めるワークショップは珍しくない。しかし、結論は自由だと言いながら、ファシリテータが特定の結論を誘導するのであれば、それはそうした見解を獲得することを目的とした陶冶なのである。なお、一般に、教育において誘導は、たいてい非明示的に行われるもので、それを意味する隠れたカリキュラムHidden Curriculumという用語は教育分析の常套句《じょうとうく》になっている。

念のために言うが、私は造形教室が悪いとも、政治学校や宗教学校が悪いとも、一言も言っていない。それは歴史的にも、現在の社会においても必要なものであり、正々堂々と行われるべきである。ただ、それは陶冶構造であって、教化構造ではないと言っているのである。海後宗臣も、陶冶に傾きすぎた社会、つまり学校方式のみが教育となった近代教育観を批判して、他の教育のスタイルの位置づけを求めたのである。この後も彼の実践と研究のエネルギーは学校教育つまり陶冶構造の教育に注がれている。この節で述べたことは、教育の方法あるいは形式や構造に注目した類型論であった。各類型がどのような役割を果たすかは、さらに議論を進めてみたい。

第三節　ワークショップの教育上の目的をめぐって

「ワークショップとしか言えないワークショップ」は海後宗臣の言う教化であるというのが前節の結論であるが、これは教育構造の三つの類型における位置づけである。これからは、ワークショップは何をめざすのか、あるいはめざさないのかという論点から、つまり教育目的論の立場から、そのあり方を考えてみたい。

次世代のための教育

教育の**目的**という問いは、たとえ数分間や数時間や数年間では達せられなくても、最終的にはどこに向かうためなのかという問いである。造形ワークショップは造形の楽しさを享受するためだというのも立派な目的論だし、環境保護を目的とするとか、我が地域の振興を目的とするとしても、それは教育目的論であると言える。これらをもっと大きく問いかけると、人間の問題として、誰のための教育なのかということになる。その意味では、造形ワークショップも環境教育も地域学習も、すべて学習者、参加者のためだというのが最も常識的な答えだと思う。小中高等学校の教育ならば、「子どものために」ということだろう。

ただ時間軸をさらに長くとってみると、学習者とか参加者とか「子ども」という概念が難しくなる。当然に学習者たる子どもが、成長して大人になるのである。今度は彼らや彼女らが、大人として教える立場となるのである。つまり教育の目的を時間軸としてどんどんと大きくしたときには、教育に世代交代が含み込まれるのである。私はこのことを教育学の講義で説明するときに、図表4のような簡単な図を描く。**教育**は、ある集団のなかでの、次世代の育成なのである。ぐるぐると回って交代する人生のサイクルなのである。

中国古代の文字である甲骨文や金石文の字体で明らかなの

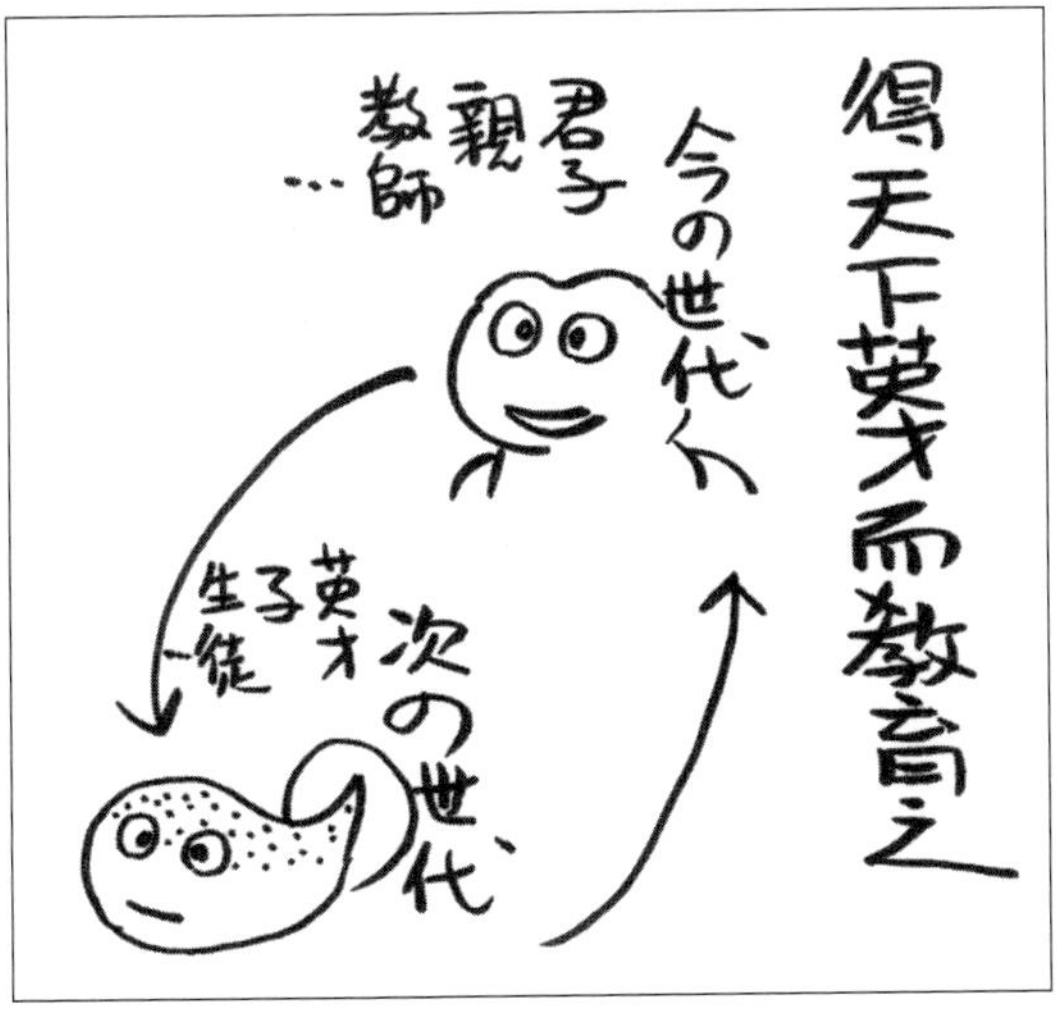

図表4　世代交代としての教育（『孟子』の板書説明例より）

だが、現在私たちが使っている「教」という文字でも、その部分ごとの意味が大切である。常用漢字の字体では部首の左上部の「耂《おいかんむり》」で表現されている部分は「爻《こう》」であり、「交《こう》」と同じく交わることを意味する。右部の「攵《のぶん》」は、何かをさせるということを意味する。そして、左下部には「子」が含まれているのだから、子どもに働きかけて何かをさせるのが「教」である。「育」という文字も、実は上部は「子」を逆に書いているのであり、下は「月《にくづき》」であって、まさに子どもが育つ様子なのだ。中国の後漢の時代の学者・許慎《きょしん》が最初の漢字辞典『説文解《せつもんかい》字《じ》』で、「育」とは「養子、使作善也」（子を養い、善をなさしむるなり）と定義したのは実に明確な定義である。

この二つの漢字があわさると「教育」という熟語となる。第二節で見たように、明治以後の「教育」は英語で言えば引き出すことを意味するeducationの翻訳のための言葉なのだが、それ以前は儒教の古典の言葉だった。出典となった『孟子』尽心章句上《じんしんしょうくじょう》では、「得天下英才而教育之」（天下の英才を得て之を教育す）とある。指導者たる君子が次の指導者を国中を探して見つけ出して次の指導者へと教育するという理想像を示した言葉である。「英才」という言葉でおわかりのように、これは同時に「英才教育」という鼻につく言葉の出典にもなる。ただ、儒教というものは理想に燃えた楽天的な思想であって、とくに孟子はその傾向が強く、権力者や支配者という意味ではなく、人格的に優れた人物を「君子」と呼んで、それをめざそうとしたのである。孟子の生きた中国の戦国時代は権謀術数の政治の時代ではあるが、それでも次の世代の人材育成という意味で「教育」という言葉が歴史のなかに登場したことは記憶されてよいと思う。

ここまでの教育の定義は、家庭で親が子どもを、職場で年長者が若年者を、学校で教師が生徒を、教育している様子を思い浮かべても納得ができる。それを何十年にわたる期間で見れば、その集団の次世代の育成なのである。親や年長者や教師という教育者は、たしかに被教育者とは異なる存在だが、その家庭や社会を成り立たせる役回りとなり、このような世代交代を考えれば、教育者も被教育者も対等平等な立場となる。

秩序づけのための教化

ところが、これとは似て非なる言葉がある。交代しない、固定された秩序である。実は後漢の許慎は『説文解字』の「教」の定義では、「上所施、下所効也」（上の施すところ、下の効《なら》ふところなり）と述べている。すでに見たように、「教」は子どもに働きかけて何かをさせるという文字だから、上が親で下が子だとしたら語義として正しいが、許慎は親子関係ではなく上下関係を強調している。この上下関係が固定化されると、世代交代の教育とは似て非なる秩序づけになる。

教化という熟語は中国の古典にも上下関係を前提とした文脈で頻出するが、日本では『日本書紀』の崇神《すじん》天皇一〇年の条で、「導民之本、在於教化也」（民《おほみたから》を導《みちび》く本《もと》は教化《をしえおもぶくる》にあり）という。天皇を中心にした集団が民衆を導くという上下関係である。この教化は、崇神天皇にしたがわない地方の民衆を征服するために将軍を派遣して服従させたという神話のなかで登場しており、どう見ても教育とは似て非なる秩序づけである。こうした交代しない、固定された集団間の秩序的な関係づけを「教化」と呼んで、「教育」とは区別できる（図表5）。こ

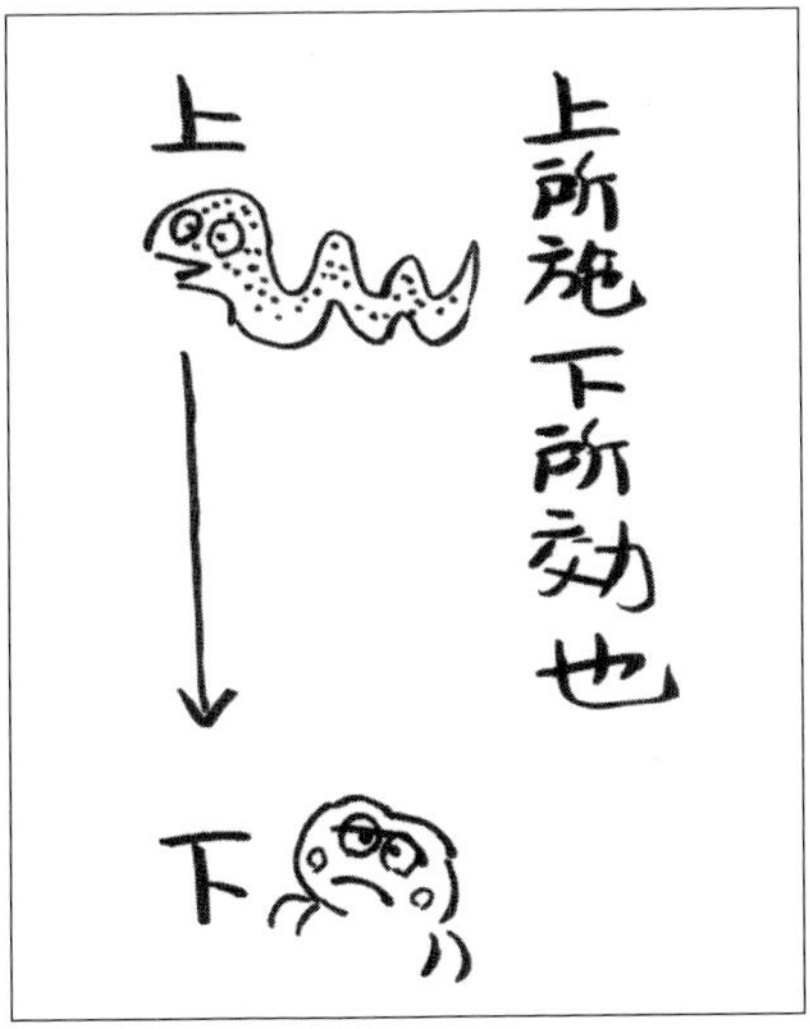

図表５　秩序づけとしての教化（『説文解字』の板書説明例より）

の『日本書紀』のいう教化は、大和言葉の「をしえおもぶくる」、つまり教えて赴かせる、または教えて面《おも》を向かせるという訓がつけられる。これは英語の教え込みや教義の注入という意味の indoctrination の訳語としても使われる教化とも、同じ意味だと考えてよかろう。

混乱しないために言っておくと、『日本書紀』の「教化」は、第二節における海後宗臣の言う教化とは別のものである。海後の言う教化は学習者中心の教育であり（図表2）、目的論では孟子の言う教育に近いだろう。日本ではこのほか、社会教育という意味で「教化」という言葉を戦前の行政用語では使用したし、昔も今も使用例が多いのは仏教語としての「教化《きょうけ》」であり、これは布教または教団の次世代育成という意味で理解できる。なお、私がこの教育と教化の目的論上の相違に注目して教育学上の用語として用いるのは、さらにこの概念を使用して共通教化論という教育史学の仮説を説明するためであるが、これはここでは省略する。*24

反教化的教化

ここでもう一度、海後宗臣の言う教化に戻ろう。第二節で見たとおり、海後宗臣は教化を、「教育を受ける人間が媒介としての内容に触れてそこで啓発され、自己修養を重ねていく」という学習者主体の活動とした。第一節で見た「ワークショップとしか言えないワークショップ」は、海後の言う教化に該当する。

私たちが考える第三段階のワークショップ、つまり**「ワークショップとしか言えないワークショップ」**は、「参加者が主体となった教育であり、その過程や結果を参加者が享受することを目的とするが、その知識や技術の習得や資格の取得などを目的とせず、さらに準備して見守るファシリテータは存在しても、指導して評価する教師が存在しないもの。」である。美術の分野でのワークショップ、とりわけ私たちが造形ワークショップと呼んできたものは、造形の楽しさをあらゆる人たちが享受できるための営みが中心となり、制作や鑑賞を中心にして様々な行動が行われることになる。

この「ワークショップとしか言えないワークショップ」は、ごく簡単に、海後宗臣の言う陶冶、あるいは第二の意味である講習会や実習というワークショップへ変化しやすい。参加者が、ワークショップの過程や結果を享受するよりも、知識や技術の習得や資格の取得などを目的としたい場合にも生じるし、ファシリテータが提示した目的や目標を説明責任という意味ではなく、方向性として導いたりする場合もある。もちろん、それが、参加者の自発的意志であったり、参加者とファシリテータの相談の結果であれば、何もおかしくない。どの形式の教育が優れているということではなく、目的に応じて形式は変化してもよいだろう。

しかしながら、私がここで注意して考えたいのは、そういう合意ずくのプロセスの話ではなく、後漢の許慎が「教」の定義で、「上の施すところ、下の効ふところなり」と言ってしまったような、上下関係になる問題への対応である。対等平等なはずの人間関係にも、つねに年齢の長幼、経験の深浅、能力の高低など様々な上下があることは、事実である。これがつねに変動して交代するというのが教育の教育たる存在意義なのだが、上下関係が固定化されてしまうこともありうる。

陶冶構造の学校教育での教師と生徒の関係は、年齢や経験で言うと必ず上下があるが、本来は次の世代のために大人の代表たる教師が教えているという社会的機能にすぎない。それでも、この学校教育は簡単に秩序づけとしての教化になる。

近代日本の学校教育、とくに明治中期から第二次世界大戦までは、日本の学校教育の最大目的は、明治政府が確立した天皇を頂点とした国家的秩序の教え込みであった。一八九〇（明治二三）年の教育勅語では、「一旦緩急アレハ義勇公ニ奉シ以テ天壌《てんじょう》無窮《むきゅう》ノ皇運ヲ扶翼《ふよく》スヘシ」（緊急事態になったら奮い立って国家のために尽くして永遠たる天皇の命運を助けなさい）と明示されていた。[*25] それはまるで、『日本書紀』で見た崇神天皇の教化という神話が、近代日本に再現したような事態である。これが教育法令と制度の基本だったし、そのために現場の教師にも教育目的の中心として徹底された。これまでに登場してきた教育学者で言うと、吉田熊次の教育学はこの考え方を徹底する目的のために確立されたものであったし、[*26] 吉田が弟子の海後宗臣のために与えた仕事は、文部省の国民精神文化研究所という思想教育のための機関に勤めて、教育勅語などを研究するというものだった。それほど戦前の陶冶構造の学校教育は、秩序づけのための教化が貫かれていたのだ。「昔の教師は立派だった、尊敬されていた」ということは、戦前の教育体験者にヒアリングすると多くうかがえる実感であるが、ただこの実感の背景には天皇を頂点とした秩序の末端に位置づけられた学校教員という社会的機能を無視することはできないし、また本当に尊敬すべきだった教師の権威がそのまま国家の権威の確立へと置き換わる社会構造も見逃せないのである。

　こうした構造は、日本近代教育史上の問題だけではなく、現在の民主主義国家の教室にも現れうる。学校教育つまり陶冶構造における教師と生徒の関係は相互の対等平等な関係であるべきであるが、知識と経験を持って提供する側はどちらかといえば明白であるし、それは教師が生徒を成績評価するという局面においては、完全な上下関係と言ってよい。教室における教師は子どもたちにとっては権力者なのだ。だからこの教室における権力への従順さだけを学ぶ子どもがいるならば、現代日本の教育の目的として教育基本法が掲げた「平和で民主的な国家及び社会の形成者」、つまり日本国憲法のいう主権者としての国民という原則さえ破壊しかねないのである。だから、教師はつねにこうした権力的な関係を崩して、子どもたちが将来の社会の担い手に成長して主人公になるように努力しなくてはならない。いつまでも、先生、先生と頼られるだけではいけないのである。

そしてこの現象はまた、「ワークショップとしか言えないワークショップ」においても現出しうる。ファシリテータは先生と呼ばれないし、準備して背後から見守る人である。しかしながら、十分な知識と技術をもち、十分なお膳立てをして、そして背後から監視する人というのは、見方を変えれば、教師以上の権力者へと転化していくのである。君主や将軍といったわかりやすい権力や、子どもの目の前に現れた教師という権力よりも、見えない背後の権力ほど強いものはないかも知れない。二一世紀の私たちにとっても、ニュースの画面で映し出される政治家たちよりも、その画面を映し出して解釈して一見公正に報道しているマスコミのほうが大きな権力であると感じることが少なくないが、こうした目に見えない背後の権力は現代社会には多く存在するだろう。

私は大いにファシリテータの存在意義を楽天的に説明したいのであるが、本当に楽天的になるために、ファシリテータには、知識や技術をもととした能力とともに、その立場に関する自戒を求めておきたい。目に見えない権力が濫用されないためには、高い倫理性が必要である。つまり、ワークショップは海後宗臣の言う教化という構造であるとともに、秩序づけのための教化であってはならないということを強調したい。これを、「**反教化的教化**」と呼ぶ。

「ワークショップとしか言えないワークショップ」への参加者の期待が高まり、ファシリテータの能力が高まれば高まるほど、この「反教化的教化」という自戒の必要性は高まっていく。近代日本の学校教育は世界的に特筆すべき短期間の普及率と内容を誇ったが、その陶冶は結局は近代日本の秩序の教え込みとなって本来の役割を裏切った。ワークショップは参加者が主体となって、参加者のためのものであると強調して、それが首尾一貫するためには、ファシリテータの側のこうした自戒が深く求められるのである。

助力的様態の時代に

この節では、「反教化的教化」という理念、ファシリテータに必要な自戒を提起するために多くの紙片を費やした。教育にあたる者には、つねに知識や技術だけではなく、倫理とりわけ自戒が必要である。アメリカの歴史家ドゥモースが、長期にわたる人類の歴史を見渡したうえで、二〇世紀後半からは「助力的様態」Helping Mode へと移行しつつあると述べたことは注目に値する。大人たちが子どもの生命を与奪した時代や子どもの意志を支配した時代など人類の長い歴史をたどって、教師や親などの大人たちが子どもに押しつけずに育てるのだという考えが常識になりつつある時代が現代である。[*27] 私たちが考える「ワークショップとしか言えないワークショップ」もまた、子どもたちはもちろん、あらゆる人たちにとっての「助力」でなくてはならないだろう。

第四節　広がる造形ワークショップ

小括として

ここまで論述したことをまとめて、造形ワークショップの位置づけを簡単に整理しておきたい。

ワークショップという言葉について、第一の原義である**作業場・工房**と第二の派生的意義である**講習会・実習**との二つに区別する二段階の通説に対して、第三段階の「**ワークショップとしか言えないワークショップ**」の存在を論じて、「参加者が主体となった教育であり、その過程や結果を参加者が享受することを目的とするが、その知識や技術の習得や資格の取得などを目的とせず、さらに準備して見守るファシリテータは存在しても、指導して評価する教師が存在しないもの。」と定義した。それは海後宗臣の言う**陶冶**と**教化**と**形成**という三つの教育構造では

「教化」に相当するが、秩序づけとしての**教化**ではないことから、「**反教化的教化**」として明確にすることを述べた。

造形ワークショップは、造形の楽しさをあらゆる人たちが享受するための営みである。つまり造形ワークショップの目的とは、参加者が造形の楽しみを感じることである。学校での美術教育では、美術に関する知識や技術の習得などが重要であり、それは教育課程に位置づけられて、また教師による評価の対象になるのだが、造形ワークショップはそうではない。知識や技術の習得や資格の取得などは目的としないのである。

造形ワークショップの広がり

造形という言葉は、美術という概念が時代によって変化していくなかで、美術に関する諸分野を包括する概念として使用され、とりわけ戦後の美術において多用された概念である。絵画や彫刻といった狭義の美術だけではなく、デザイン、工芸、映像、建築といった広汎な分野を包括すると考えてよい。武蔵野美術大学は、一九六二（昭和三七）年に日本で初めて「造形学部」の名称を使用して、その後一一学科を包括する組織となった。二〇一九（平成三一）年度からは造形学部一〇学科と造形構想学部二学科に再編されるが、ともに造形を冠した学部である。

この造形という言葉の広がりは、そのまま**造形ワークショップ**という実践の広がりにも及ぶ。二〇一一（平成二三）年に刊行した『造形ワークショップの広がり』は、このタイトルどおりに様々な分野の人々に執筆を依頼して、その実践を紹介してもらった。すでにこうした書籍があり、また現在において造形ワークショップを実践している人々は多いのだから、造形ワークショップの全体像をここで示すというのは無謀なことであろう。ただ、読者にその広がりを理解してもらうために、私がこれまで直接にかかわってきた人々を中心に紹介をしたい。もう少し改まった言い方をするならば、武蔵野美術大学が一九九八（平成一〇）年度から開始した「美術と福祉プログラム」

や、二〇〇二（平成一四）年度から開始した通信教育課程「ワークショップ研究」や、二〇〇九（平成二一）年度から開始した「造形ファシリテーション能力獲得プログラム」において、「造形ワークショップ」という概念に影響を与えた人と実践から、その概念の広がりを考えたい。

日本の造形の世界でワークショップという言葉を使った営みが大規模に開始されるのは、美術館の教育普及活動の分野が早い。一九八一（昭和五六）年の創立段階から宮城県美術館の「創作室」を構想してニューヨークのブルックリン美術館付属美術学校に学んだ齋正弘が取り組んだワークショップや、[*28]一九八六年創立の世田谷美術館の準備段階から取り組んだ髙橋直裕らのワークショップ、[*29]一九八七年の創立から「ワークショップ」と呼ぶ部屋や事業の名称を位置づけた目黒区美術館の降旗千賀子らの実践、[*30]板橋区立美術館の大月浩子らのワークショップなどが、現在につながる大きな流れを形成した。[*31]

児童福祉の世界では、一九八五（昭和六〇）年に創立されたこどもの城は、二〇一五（平成二七）年に閉館したが、当初から「造形スタジオ」を置いて造形ワークショップに取り組んでおり、開設メンバーの岩崎清、[*32]前田ちま子、[*33]それを引き継いだ有福一昭[*34]らの実践は、日本の児童施設でのワークショップに大きな影響を与えた。

障害児教育の現場では、一九五九（昭和三四）年に東京都立青鳥養護学校（当時）の美術教諭となり「造形遊び」を積極的に進めて、障害者を含めた「ワクのない表現」「万人のための美術」という観点を定着させて、現在では幼児教育にも影響を与えている小串里子のワークショップ実践が注目される。[*35]

また、及部克人は、一九六九（昭和四四）年に武蔵野美術大学の教員となり、段ボールを活用した遊具づくりを幼稚園や養護学校や地域などで展開し、一九八三（昭和五八）年に世田谷で開かれたアジア民衆演劇会議への参加をはじめ、演劇ワークショップと相互に影響したワークショップ実践を展開している。[*36]地域と造形にかかわるワークショップとしては、世田谷区をフィールドとしたまちづくりワークショップの齋藤啓子の実践が他分野からも注目されており、現在も武蔵野美術大学の学生たちとの活動が各地で展開されている。[*37]また美術大学生が中学校や各地を訪問する「旅するムサビ」や「ムサビる」、黒板ジャックなどのプロジェクトを近年集中的に進めている三澤一実の実践は、学校の美術教育のあり方をも変えるものとして社会的に注目されている。[*38]現在では埼玉県の三ヶ島中学校において、手法としてのワークショップや対話型鑑賞を導入した「朝鑑賞」が注目されている。

絵画や彫刻の作品を展示するという行為を捉え直し、美術大学学生の制作展示にとどまらずに鑑賞者との相互交流を考えたプロジェクトが二〇〇六（平成一八）年から理化学研究所と共同して進行しており、赤塚祐二がこのプロジェクトを推進している。[*39]また長沢秀之は、美術そのものを社会との関係で問い直す提起を行い、武蔵野美術大学の美術教育のあり方に影響を与えた。[*40]

美術教員養成の分野で、社会福祉施設と提携した「美術と福祉プログラム」は、一九九八（平成一〇）年度から私を担当者として開始したものだが、初期には前記の岩崎清や前田ちま子、近年では障害者の美術教育や色彩造形教育研究で活躍している葉山登[*41]や、医療機関と連携したワークショップや白梅学園大学を拠点に地域における障害理解の活動を展開している杉山貴洋[*42]、障害者施設で造形ワークショップを長期にわたり展開している川本雅子[*43]、小学校図画工作科での美術教育を展開するとともに新宿区四谷で市民のための芸術活動を進めている鈴石弘之[*44]が担当した。その後、環境教育に実績のある田中千賀子[*45]が指導に加わり、鈴石弘之のクラスは、こどもの城で活躍した有福一昭が指導を引き継いだ。近年の実践の成果として、二〇一八（平成三〇）年には『特別支援教育とアート』、二〇一九（平成三一）年には『総合学習とアート』を刊行している。[*46]

さて、不十分ながらもここまで書いたことが、本書が造形ワークショップについて考えるときにまず念頭に置いている実践である。あくまでも私の直接の視野に入る範囲に限ったために、有名な教育機関や実践者が落ちていることは自覚しており、ここでとどめることをお許しいただきたい。とにもかくにも、こうした実践を踏まえるだけでも、造形ワークショップが極めて広範囲に及ぶことが言える。

あらゆる参加者のためのあらゆる造形

ワークショップの実践の場としては、教育施設としての学校や美術館、社会福祉施設としての児童館や高齢者施設・障害者施設、地域では公民館や公園、商店街、さらに企業や研究所などがあり、基本的に場所には制限がない。学校教育、社会福祉、医療をはじめ、その場で本来展開している営みと造形ワークショップが重なりながら広がっている。

参加者は、文字どおりすべての人たちである。子どもから高齢者まで、障害の種別や健康の状態、社会的立場などは問わない。

ファシリテータは、学芸員や教員、行政機関や社会教育や社会福祉施設の職員など多種の分野の専門家と、学習途上の学生たちで、美術に関する専門家または専門家をめざす者である。もちろんそういう人たちと連携する様々な立場の社会人も、協力者としてともに動いている。

対象となる分野は造形すべて、絵画も彫刻も工芸もデザインも映像も建築も、と列記すると文字どおり造形のすべてとなっていく。ものづくりへの参加もあれば、鑑賞への参加もあり、造形とのかかわりも多様である。

つまり、造形ワークショップの広がりというのは、あらゆる参加者のための、あらゆる造形ということになるのだ。

第五節　造形ファシリテーション能力

参加者という言葉

前節で造形ワークショップは参加者を問わないと述べた。こどもの城の実践をもとに、前田ちま子はこれを「不特定多数」の原理と呼んだ。[*47] こどもの城での参加者は子どもであるが、経験も、人数も、問わないということである。

ここで再びいままでの定義を念頭に置いて、集団やグループとしての行動をワークショップの定義に含み込もうとしていた傾向について述べておきたい。ワークショップは「あらゆる参加者」の対応が基本であるとすると、それは多数であっても、少数であっても、そして一人であっても、本質的な条件ではないということである。個別のワークショップについては、グループで行うものもあってよいし、一人で行うものもあってよいということである。海後宗臣による教化の図は、一人だけが描かれていた。たとえグループで行ったとしても、集団に個人が埋没するのではなく、あくまでも一人ひとりが尊重されなくてはいけない。たとえグループ制作であっても、そのことは変わらない。

ワークショップの主人公を本書では「**参加者**」と呼んできた。この呼称は、第二段階の意味でのワークショップを導入したときに日本に定着した。一九五〇（昭和二五）年に北海道学芸大学（現在の北海道教育大学）の辻信吉は、参加者が課題を事前に考えて参加している点に注目して、「受講者もしくは研究生（Trainer or Students）とは呼ばれずに、参加者（Participants）といわれるのである。」と記述している。[*48] 陶冶構造の研究集会としてのワークショップは造形ワークショップと違いがあるが、この言葉に参加者の自主性を読み込んだことは重要であり、造形ワークショップでもこの「参加者」という言葉の重みを大切にしたい。

ファシリテータの登場

さて、**ファシリテータ**について考えたい。齋正弘は、次のような説明図を用いている。[*49]

教育の形		実践する人
①ティーチ	⇕	ティーチャー
②インストラクション	⇕	インストラクター
③インタープリテーション	⇕	インタープリター
④ファシリテーション	⇕	ファシリテーター

齋正弘は現在までのワークショップの実践者たちの呼び方を概観して、ファシリテータが定着した経緯を述べている。

ファシリテータという言葉が定着する以前は、ワークショップを企画して実践する人々の呼び名に困っていた。博物館の学芸員や児童福祉の指導員などは法令または組織上の職名で呼ばれたり、子どもたちにもっとわかりやすい大人への尊敬語である「先生」と呼ばれたりしていた。ここで紹介されたインストラクターは現在でもスポーツや社会教育の指導者に使われている用語であり、自然教育などのワークショップでは自然を解釈してわかるように説明してくれる人という意味のインタープリターもわかりやすい用語である。しかしこれらの用語は、たしかに知識や技術を教えるための言葉であり、「ワークショップとしか言えないワークショップ」には合致しない。

ファシリテーションやファシリテータという言葉は、現在では企業研修の世界で多用されており、小さな書店でも意外とこのタイトルの本が並んでいる。実はこれらは、第二の意味におけるワークショップである講習会や実習のマニュアルであることが多く、達成目標を明確にして成績を上げなくてはならない企業教育の世界では当然かも知れない。

最近の英語辞典や英和辞典でも、動詞の facilitate（促進する）や名詞の facilitation（容易にすること）や形容詞の facile（容易な）という一般的な言葉として載せているが、facilitator を載せるものは珍しい。facile の語源はラテン語の facilis《ファキリス》という形容詞で、さらに作る、為すという faciō《ファキオー》という動詞に遡る。つまり**ファシリテーション**とは促進することであり、ファシリテータは促進する人だと理解してよいだろう。

さて、この議論をするときには、先に見た海後宗臣の『教育編成論』における「教化」の担い手について述べた文章を読んでほしい。

> こうした人間は、教師であることもあろうが、教師とは限定されないばかりか、むしろ教師とは言われない人間であることが通例である。多くの文化教養のための施設を設けた人、或はその運営について企画する人、又はその中にあつて教養の諸材料を整えて提出する人々は何《いづ》れもこの背後にある人間である。*50

ここで言う「背後にある人間」は、海後宗臣の例示では、図書館司書、博物館学芸員、社会教育指導者などを想定しているのだろう。しかし、この「背後にある人間」という表現には、後ろから見守る役割であるファシリテータがぴったりするのだ。

ファシリテータの立場

ファシリテータとは、ワークショップを企画して、準備して、その実施を後ろから**見守る**人、裏側から支える人である。それが「促進する人」という言葉にぴったりする行動である。指導する人や評価する人ではない。

様々な分野のワークショップでファシリテータの社会的な立場もまた様々だろう。企業教育のワークショップであれば、第二の意味の講習会・実習でも、第三の意味としての「ワークショップとしか言えないワークショップ」にまで進むのだとしても、ファシリテータはプロの企業人事コンサルタントでなければ人事部門に配属された同じ企業の従業員であり、その分野のプロではない。地域の話しあいでワークショップを取り入れるときも、おそらくプロという存在は少ないだろう。そんな意味でも、こうした企業研修や会議のためのファシリテーションのマニュアル本がもてはやされる理由がわかる。

それならば、造形ワークショップのファシリテータはどうだろうか。美術についての専門性を持たない人の造形ワークショップは成立するだろうか。マニュアルを読めば誰でもできるのだろうか。はっきり言ってそれでは魅力がなさすぎる。

造形ワークショップはすべての人々が参加者となる可能性が開かれていればいるほど、造形ワークショップのファシリテータはすべての人ができるとは言えなくなる。求められるのは造形についての専門的な知識と技術を持っている人である。つまり、ワークショップ以外の専門的な美術教育などで、きちんと修練を積んだ人である。

作家やデザイナー、美術教員や美術分野の学芸員がまず考えられる。専門性があるから、企画ができ、準備を行い、そして誰でもが参加できるように促進できるのだ。

もちろん私は造形ワークショップを美術大学だけの専有物にしようとは思わない。もともと作家やデザイナーなどの職業は極めてオープンな競争で成り立っているので、教育歴や資格に関係なく就ける職業なのだ。ただ、それは自称だけでは意味がなく、まさにその人の作品の評価が高まって初めて自他ともに認められた者となるのである。また幼児教育や小学校教育の教員で、美術だけが専門ではありませんという人々も造形ワークショップのファシリテータになりつつある。これも大いに歓迎できる動向である。こうした場合も、これは決してマニュアルで解決するものではなく、美術に関する熱意と研鑽があって初めて子どもたちに認められる存在になるだろう。さらに、学校の美術教育では、対話型鑑賞のなかで、児童・生徒が鑑賞のファシリテータ役を務めるというファシリテータの体験学習も広がっている。この背後には、もちろん美術教師たちの支えがある。こうした専門家以外が参加する広がりを保障するためにも、自他ともに認めた造形の専門家が造形ワークショップのファシリテータとなるべき存在である。

三つの造形ファシリテーション能力

造形の専門家だからといって、造形ワークショップのファシリテータにそのままなれるわけではない。念のために言うと、優れたファシリテータがいれば、全く造形ワークショップに知見のない作家でも造形ワークショップにおける役割を担うことは可能だが、これはファシリテートされている立場であり、ここで考えたいのはファシリテートする側の立場である。この造形ワークショップのためのファシリテータに必要な能力を、「**造形ファシリ**

テーション能力」と呼んでいる。

この能力は、三つのことができる能力として理解できるだろう。

第一に**企画力**である。直接的には企画などをつくるプランニングの能力である。アイデアや構想力と言えるが、これは単なる思いつきが大切なのではなく、あくまでも造形の専門性に裏づけられた魅力と実現性のある企画をつくる能力でなくてはならない。

第二に**組織力**である。私の知る限り美術の専門家が一番苦手な能力かも知れない。コミュニケーション能力とかプレゼンテーション能力と言い換えてもよいが、本当に裏方に徹するワークショップならば、直接対話や口頭説明はいらないかも知れない。しかし、準備を進めるためには、どんなワークショップでも、必ず数多くの連絡や調整が必要である。そうした意味からも組織力と表現したい。

第三に**記録力**である。あまり使わない言葉だが、記録する能力である。これは従来のワークショップで軽視されてきた能力と言える。しかし、ワークショップの意義が共有され、ファシリテータ自身や仲間のファシリテータとも実践を共有するためには、記録は欠かせない。記録があるから次の実践へとつながるのである。私はこの記録力が発揮されるプロセスとして「**記録と表現**」というキーワードと、参加者も含めた課題として「**ワークショップ・リテラシー**」を強調したい。

この企画力、組織力、記録力とはどのようなもので、どんな課題に挑むのかは、第4章から第6章で詳述する。ここで考えたいのは、造形ワークショップのファシリテーション能力のマニュアルをつくることではなく、考えるべき課題などのインデックスをつくりあげることである。こうすれば成功するとか、こうすればうまくいくといったものは、どうもあやしい。しかし、これを考えた人がいる、これは考えるべき課題だということは、知識として知っておいて無駄ではない。

　この企画力、組織力、記録力は、ワークショップのアイデアが浮かび、計画が練られ、準備が進められ、そして参加者が登場して開始して終了し、最後に終了後のファシリテータの作業が進められるという、すべてのプロセスで発揮される。その様子を示した概念図が図表6と図表7である。

　アイデアから構想を練る段階は企画力、協力や支援をとりつけて参加者が登場して活動が終わるまでは組織力、終了後に記録をとりまとめて次へとつなげるときは記録力がそれぞれ大きな割合を占める。さらにこの図で言いたいのは、三つともすべてのプロセスで必要だということである。アイデアは記録の読解から始まるかも知れないし、記録するための一番有用な材料はアイデアを練ったときのメモかも知れない。こうした能力を発揮しながら、ワークショップが次へとつながるようにしてほしいのである。

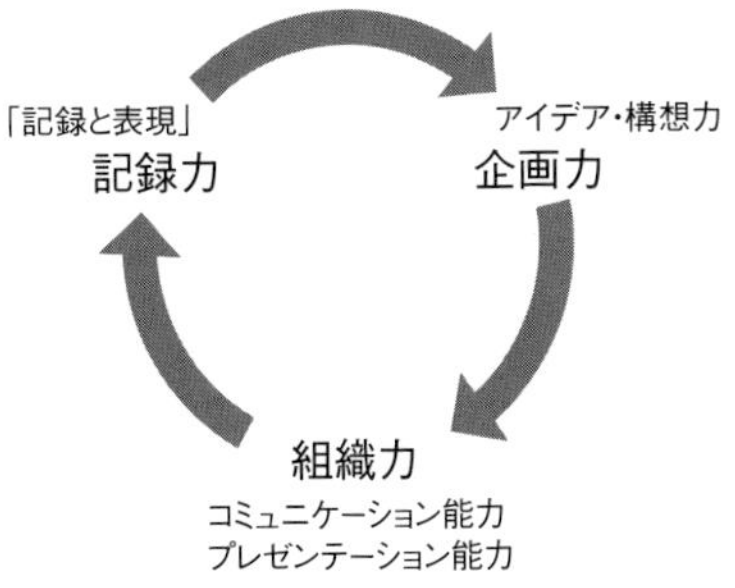

図表6　造形ファシリテーションを支える三つの力

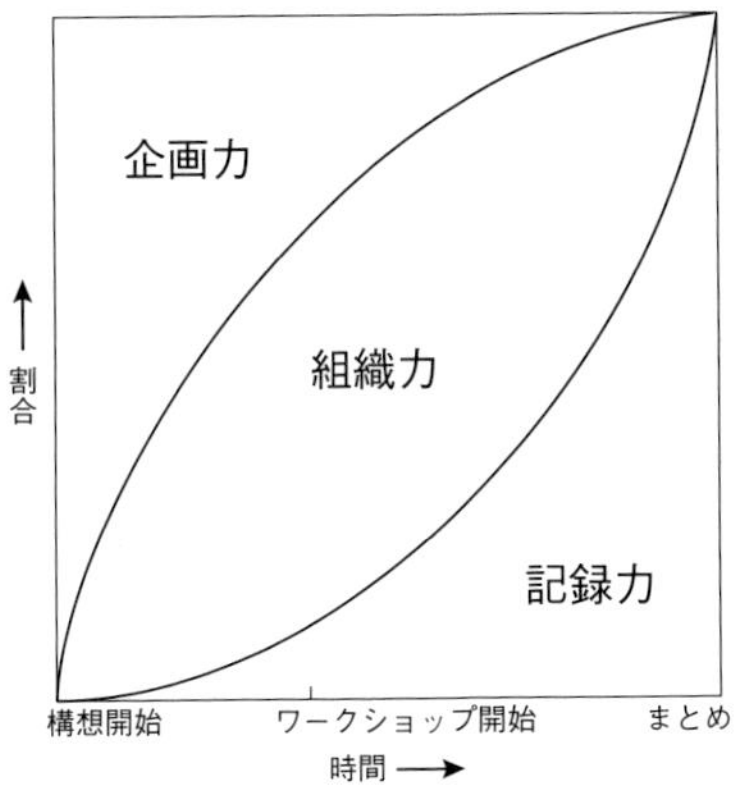

図表7　造形ファシリテーション能力の発揮される割合

註

1　本章がテーマとするワークショップのあり方などについて、武蔵野美術大学にお招きした専門家や学生自身の記録については、次の六冊の報告書を刊行した。高橋陽一監修『武蔵野美術大学 美術と福祉プログラム二〇〇六年度報告書』武蔵野美術大学、二〇〇七年。高橋陽一監修『武蔵野美術大学 美術と福祉プログラム二〇〇七年度報告書』同、二〇〇八年。高橋陽一監修『武蔵野美術大学 美術と福祉プログラム二〇〇八年度報告書』同、二〇〇九年。高橋陽一監修『武蔵野美術大学 造形ファシリテーション能力獲得プログラム二〇〇九年度報告書』同、二〇一〇年。高橋陽一監修『武蔵野美術大学 造形ファシリテーション能力獲得プログラム二〇一〇年度報告書』同、二〇一一年。高橋陽一監修『武蔵野美術大学 造形ファシリテーション能力獲得プログラム二〇一一年度報告書』同、二〇一二年。

2　高橋陽一「おわりに─ワークショップと教育のあいだ─」高橋陽一監修・杉山貴洋編集『ワークショップ実践研究』武蔵野美術大学出版局、二〇〇二年、一八八〜一九五頁。

3　高橋陽一『美術と福祉とワークショップ』武蔵野美術大学出版局、二〇〇九年、七一〜七六頁（第二章第二節「秩序づけに対するワークショップ」）。

4　高橋陽一「第一章　造形ワークショップの担い手とは」高橋陽一編『造形ワークショップの広がり』武蔵野美術大学出版局、二〇一一年、一三〜三三頁。

5　高橋陽一『造形ワークショップを支える──ファシリテータのちから』武蔵野美術大学出版局、二〇一二年。高橋陽一編『造形ワークショップ入門』武蔵野美術大学出版局、二〇一五年。

6　中野民夫『ワークショップ─新しい学びと創造の場─』岩波新書、二〇〇一年、序一〜二頁、一一〜一二頁。

7　堀公俊「ワークショップが、人、組織、社会を変える！」前掲『武蔵野美術大学 造形ファシリテーション能力獲得プログラム二〇一〇年度報告書』一二三頁。
8 堀公俊『ワークショップ入門』日経文庫、二〇〇八年、三頁。
9 髙橋直裕「美術館におけるワークショップ—世田谷美術館の歩みから」前掲『武蔵野美術大学 造形ファシリテーション能力獲得プログラム二〇〇九年度報告書』一三二頁。
10 髙橋直裕「二五年間の軌跡」髙橋直裕編『美術館のワークショップ—世田谷美術館の25年間の軌跡』武蔵野美術大学出版局、二〇一一年、二〇～二一頁。
11 新村出編『広辞苑第六版』岩波書店、二〇〇八年、三〇一七頁。引用にあたって省略を補った。
12 J. A. Simpson and E.S.C. Weiner, "The Oxford English Dictionary", Second Edition, Volume XX, Clarendon Press, Oxford, 1989, pp. 553-554.〔『オクスフォード英語辞典』第二版第二〇巻、一九八九年、五五三～五五四頁。翻訳は引用者〕。
13 新村出編『広辞苑第七版』岩波書店、二〇一八年、三一五三頁。引用にあたって省略を補った。
14 吉沢典男・石綿敏雄『外来語の語源』角川書店、一九七九年、七一四頁。
15 木下竹次『学習原論』目黒書店、一九二三年、一七五頁。この用例については、前掲『造形ワークショップ入門』一六四頁で詳説した。
16 大照完『教師のワークショップ』教育問題調査所、一九五〇年、四四～四五頁。
17 大照完前掲書、五一頁。
18 真篠将「ワーク・ショップ余録」『教育音楽』音楽之友社、第六巻第一二号、一九五一年一二月。
19 大照完「ワークショップ覚え書」『教育新潮』第一巻第五号、一九五〇年九月。引用にあたって改行を省略。
20 吉田熊次『教育大意要義』目黒書店、第一三版、一九三〇年。ここでは吉田熊次教育学を海後宗臣からの批判を中心に紹介したが、吉田熊次教育学の意義をめぐっては、高橋陽一「吉田熊次教育学の成立と教育勅語」『明治聖徳記念学会紀要』復刊第四二号（二〇〇五年）、森田尚人「吉田熊次と〈現代〉教育学の誕生―教育研究における哲学と歴史の位置づけをめぐって」教育哲学会『教育哲学研究』第一〇四号（二〇一一年）などを参考。また高橋陽一『共通教化と教育勅語』東京大学出版会（二〇一九年）に吉田熊次に関する論考を掲載した。

21 海後宗臣『教育編成論』国立書院、一九四八年。後掲の（図表1～3）は、四六、五二、五九頁より。本書の主旨から専門職養成における三つの教育構造の結びつきを論じた海後宗臣「研修の基本構造」『地方研修』自治大学校、第二号（一九五五年一月）にも注目したい。なお、『海後宗臣著作集』第二巻、東京書籍（一九八〇年）は『教育編成論』の一九五二年改訂版と同論文を収める。

22 海後宗臣監修『図説教科書のあゆみ』日本私学教育研究所、一九七一年。

23 「現代教育に対する教師のあり方―東京大学教授海後宗臣先生を囲んで（座談会）」『教育新潮』第一巻第五号、一九五〇年。なお、海後宗臣とワークショップの関係については、前掲『造形ワークショップ入門』でも論じて、さらに高橋陽一「ワークショップの概念史―海後宗臣の教育学理論と実践を手がかりに」武蔵野美術大学教職課程高橋陽一研究室『造形と教育』第一〇号、二〇一七年一月で分析した。

24 教育と教化に関する私の定義や教育史学に関する提起は次の文献で記した。高橋陽一「共通教化の基礎仮説―近代日本の国民統合の解明のために―」東京大学大学院教育学研究科教育学研究室編『研究室紀要』第二二号、一九九六年（前掲高橋陽一『共通教化と教育勅語』に収録）。高橋陽一「日本の政教関係と教育」教育史学会編『教育史研究の最前線』日本図書センター、二〇〇七年。

25 なお、教育勅語の解釈などについては、高橋陽一・伊東毅『道徳科教育講義』武蔵野美術大学出版局、二〇一七年参照。このほか教育勅語については、髙橋陽一『くわしすぎる教育勅語』太郎次郎社エディタス（二〇一九年）に記し、また教育史学会『教育勅語の何が問題か』岩波ブックレット（二〇一七年）及び岩波書店編集部編『教育勅語と日本社会』（二〇一七年）に概説を掲載した。

26 髙橋陽一前掲「吉田熊次教育学の成立と教育勅語」『明治聖徳記念学会紀要』復刊第四二号、二〇〇五年一二月（前掲髙橋陽一『共通教化と教育勅語』に収録）。

27 この理論については、前掲『造形ワークショップの広がり』第一章で論述した。L・ドゥモース著、宮澤康人訳『親子関係の進化』海鳴社、一九九〇年を参照。

28 齋正弘「ワークショップの実践」前掲『ワークショップ実践研究』六六～七一頁。齋正弘「ファシリテーションの実際」前掲『造形ワークショップの広がり』三五～五〇頁。齋正弘「ファシリテーションとは何か」前掲『武蔵野美術大学 造形ファシリテーション能力獲得プログラム二〇一〇年度報告書』一三七～一四六頁。なお宮城県美術館のワークショップの研究としては、瀧端真理子・大嶋貴明「宮城県美術館における教育普及活動生成の理念と背景」『博物館学雑誌』第三〇巻第二号、二〇〇五年三月。瀧端真理子「宮城県美術館普及部における教育普及活動の展開」『博物館学雑誌』第三一巻第二号、二〇〇六年四月。

29 髙橋直裕「美術館におけるワークショップ」前掲『武蔵野美術大学 造形ファシリテーション能力獲得プログラム二〇〇九年度報告書』一三〇～一四五頁。髙橋直裕「世田谷美術館のワークショップ」前掲『造形ワークショップの広がり』五一～六五頁。髙橋直裕編前掲『美術館のワークショップ』。

30 降旗千賀子「視ることへの深化」前掲『ワークショップ実践研究』一七三～一八〇頁。降旗千賀子「ワークショップ—能動的な視線の獲得をもとめて」前掲『武蔵野美術大学 造形ファシリテーション能力獲得プログラム二〇一〇年報告書』一七四〜一七九頁。降旗千賀子「ワークショップで育まれた〝人の関係〟—目黒区美術館の蓄積」前掲『造形ワークショップの広がり』六七〜八一頁。目黒区美術館の記録としては、『目黒区美術館ワークショップ二〇年の記録［一九八七〜二〇〇七］』全四冊、目黒区美術館、二〇〇八年。

31 初期の美術館でのワークショップ関係者の対談としては、大月浩子・髙橋直裕・降旗千賀子「なぜ、いまワークショップか」『武蔵野美術』第七八号、一九九〇年、四〇〜五三頁。

32 岩崎清「ワークショップという梃子は」前掲『ワークショップ実践研究』一六〜三二頁。岩崎清「美術とわたし」前掲『造形ファシリテーション能力獲得プログラム二〇〇九年度報告書』一五九〜一七三頁。

33 前田ちま子「なぜ〝ワークショップ〟だったのか」前掲『ワークショップ実践研究』五〇〜六四頁。前田ちま子「経験的ワークショップ—子どもと学生、シニアと学生のかかわりから」前掲『武蔵野美術大学 造形ファシリテーション能力獲得プログラム二〇〇九年度報告書』一八一〜一八五頁。

34 有福一昭「こども城の指導員」小久保明浩・高橋陽一編『教師論』（旧版）武蔵野美術大学出版局、二〇〇二年。有福一昭「こどもの城「造形スタジオ」のワークショップ」前掲『武蔵野美術大学 造形ファシリテーション能力獲得プログラム二〇一〇年度報告書』一六六〜一七三頁。有福一昭「こどもの城「造形スタジオ」のワークショップ」前掲『造形ワークショップの広がり』八三〜一〇一頁。

35 小串里子『ワクのない表現教室』フィルムアート社、二〇〇〇年。小串里子ほか「表現を共有する—枠のない美術教育」前掲『ワークショップ実践研究』三四〜四四頁。小串里子『みんなのアートワークショップ 子どもの造形からアートへ』武蔵野美術大学出版局、二〇一一年。

36 及部克人「ワークショップ 創造的な対話へ」前掲『武蔵野美術大学 美術と福祉プログラム二〇〇八年度報告書』

一四四～一五五頁。齋藤啓子編集『及部克人教授 武蔵野美術大学退任記念特別編集二〇〇九 及部環境（およよん）』二〇〇九年。

37 齋藤啓子「地域社会におけるまちづくりワークショップの試み」前掲『ワークショップ実践研究』七二～八〇頁。齋藤啓子「参加のプロセスを媒介する「ワークショップ」という手段」前掲『武蔵野美術大学 造形ファシリテーション能力獲得プログラム二〇〇九年度報告書』二一六～二二一頁。齋藤啓子「地域社会とワークショップ―まちづくりにおける「創造的な対話」」前掲『造形ワークショップの広がり』一九九～二二一頁。齋藤啓子「参加と学び」「地域と大学」上原幸子編『デザインとコミュニティ』武蔵野美術大学出版局、二〇一八年、四五～一四〇頁。

38 三澤一実「新たなる交流の場「旅するムサビ」」前掲『武蔵野美術大学 造形ファシリテーション能力獲得プログラム二〇〇九年度報告書』二一一～二一五頁。三澤一実「旅するムサビ」前掲『造形ワークショップの広がり』一六一～一七八頁。

39 赤塚祐二「美術作品の展示とその受容にみる相互浸透―理化学研究所展示プロジェクトから」前掲『造形ワークショップの広がり』二二三～二三五頁。

40 長沢秀之「美術と社会」前掲『造形ワークショップの広がり』二三七～二五五頁。

41 葉山登「自然や行為をなかだちに学ぶ」前掲『ワークショップ実践研究』八六～九四頁。葉山登「美術教員のファシリテーション能力―学校教育におけるワークショップの可能性を求めて」前掲『造形ワークショップの広がり』一七九～一九七頁。

42 杉山貴洋「はじめに」「ワークショップの準備体操」『ワークショップ実践研究』八～一一、一三四～一四五頁。杉山貴洋「だれでもアートワークショップ―白梅学園大学・アートでつくる障がい理解社会の創生」前掲『造形ワークショップの広がり』一二五～一四一頁。杉山貴洋「シロシロ星人と五歳の防衛軍」「美術館であそぶ、美術館でまなぶ」「一緒に遊び、一緒に表現する教育」「企画から実践へ」前掲『造形ワークショップ入門』三六～四二頁、五二～七一頁、一〇九～一三〇頁。

43 川本雅子「曙光園ワークショップ、九年間の記録―造形ワークショップの日常性と継続性」前掲『武蔵野美術大学 美術と福祉プログラム二〇〇七年度報告書』一七八～一九〇頁。川本雅子「造形ワークショップの日常性と継続性―曙光園での一一年間」前掲『造形ワークショップの広がり』一四三～一六〇頁。川本雅子「体でつながる「大きな輪」」「社会福祉施設に暮らす人々とつむぐ物語」前掲『造形ワークショップ入門』二四～二九頁、四三～五一頁。

44 鈴石弘之「「介護等体験」実習で学生が得たこと」前掲『武蔵野美術大学 造形ファシリテーション能力獲得プログラム二〇一〇年度報告書』六六～六七頁。鈴石の著書は『六年間のいのちの軌跡』文化書房博文社、二〇一一年など多数ある。

45 田中千賀子『近代日本における学校園の成立と展開』風間書房、二〇一五年。田中千賀子「身近な素材、わりばしでつくる」「キャンパスの自然環境を学び合う」「報告書をまとめる」『造形ワークショップ入門』三〇～三五頁、七二～七八頁、一四五～一五六頁。

46 高橋陽一編、高橋陽一・葉山登・田中千賀子・有福一昭・杉山貴洋・川本雅子『特別支援教育とアート』武蔵野美術大学出版局、二〇一八年。高橋陽一編、高橋陽一・葉山登・田中千賀子・有福一昭・杉山貴洋・川本雅子『総合学習とアート』武蔵野美術大学出版局、二〇一九年。

47 前田ちま子前掲「なぜ〝ワークショップ〟だったのか」前掲『ワークショップ実践研究』六二～六三頁。

48 辻信吉「ワークショップの基本性格」『教育新潮』第一巻第五号、一九五〇年九月。

49　齋正弘前掲『造形ワークショップの広がり』四一頁。
50　海後宗臣前掲『教育編成論』五二〜五三頁。

Q&A：授業で寄せられた質問から

――ワークショップとしか言えないワークショップの定義では、教師がいないとなっているので、どうしても学校の美術教育が否定されているように感じます。（免許状更新講習受講の美術教員から）

このご意見、ご質問は、毎年の免許状更新講習のおりに美術の先生方からうかがっています。もちろん、本文で記したように、「準備して見守るファシリテータは存在しても、指導して評価する教師が存在しないもの。」という定義の意味は、理念型や典型例というものを提示したのであって、実施の実践や現象は多様です。こうしたファシリテータが指導や評価抜きで行うパターンは、学校教育の場では困難であることは言うまでもありません。学校の美術教育では、教師が生きる力を児童・生徒に培うために指導し、その資質・能力を評価する必要があるからです。そこで、ワークショップを手法として捉えて、学校教育の授業や様々な取り組みの一部にするというように考えてください。言い換えれば、「指導して評価する教師」が「準備して見守るファシリテータ」の役割を行い、**手法としてのワークショップ**を設定して、そのことで学校教育本来の目的や目標を実現するということです。この際、細々とした指示をしたり、これ見よがしの評言を述べたりするのではなく、準備して見守る役割を意識することが大切です。今日、アクティブ・ラーニングとして主体的な学びや対話的な学びが強調されているなか、こうした手法は、学校現場でも大いに活用して、児童・生徒の資質・能力を伸張するものとなるはずです。

――ワークショップの三段階説や海後宗臣の定義などは理解できたつもりなのですが、どうしても反教化的教化の箇所がイメージできません。もちろん説明は理解して、グループ討議ではわかると言ったクラスメイトもいるのですが。（ワークショップの授業の受講学生から）

どんなイメージかという点では、それぞれの経験、人間観や社会観にもなりますから、たしかに考え方は多様だと思います。ワークショップはファシリテータが背後にいる点で海後宗臣の言う教化なのですが、この**反教化的教化**という見えにくい構造が、知らず知らずに誘導や教え込みをしてしまうのではないかという危惧から、この概念を提起しました。海後宗臣の教化という概念は、本来は博物館や映画館などの作品やメディアによる教育の構造を意味しました。教化は社会教育と言い換えてもいいでしょう。社会教育は戦後は自主的で自律的なものだという原則が教育基本法で確立しましたが、明治以後の日本では社会秩序のための誘導や教え込みが広く見られたこともたしかです。世界的に見ても、二〇世紀以後の革命やクーデターでは、報道機関を占拠したり、これ見よがしの展示やスローガンを掲げますね。さて本題のワークショップに戻ると、現在はワークショップの形態の教育が学校教育でも社会教育でも広がりつつありますが、もう一度ワークショップが本当に参加者のためになっているかを見直すためにも必要なことだと思います。

練習問題：深い学びのために

あなたが最初にワークショップを体験したのはいつですか。二〇一八年四月の大学での受講アンケートでは六四名のうち小学校での経験が二六名で最多でした。小学校・中学校時代の学校や社会教育施設での経験が近年顕著になりました。さて、そのワークショップは、海後宗臣の言う陶冶・教化・形成のうち、どれにあたりますか（図表8）。また、複数の定義にまたがる場合は、どのように該当するかを考えてみてください。

参考手法：教育を見直す

私たちの教育観を広げるための、一人でも何人でもできる、ワークショップを紹介します。次の用紙を用意して、「一番最近に出会った教育」「人生で最大の教育」「いやだった教育」と次々に想定して、その形式を分類していってください。教育について何が見えてくるでしょうか。これは、知識として学んだ抽象的な概念を、テキスト理解だけに限らず、生活経験から考えることを可能にしたいと考えた手法です。

参考資料：さらに読み解くために

ワークショップについては、本文で示しましたが、武蔵野美術大学の「美術と福祉プログラム」やワークショップ実践からの出版物としては、武蔵野美術大学出版局から刊行した次の図書を参考にしてください（二〇一九年二月現在）。

高橋陽一監修『ワークショップ実践研究』二〇〇二年

図表８　自分が体験したワークショップを海後宗臣の定義に分類する

教育を見直すために			年　月　日
海後宗臣の定義／具体例	陶冶	教化	形成
小学校の図工のたのしさ	先生が優しかった。ともかくその先生の思い出が今も強い。	図工で作った木箱をいまも持っている。	10年たっても友人とも思い出を共有できた。
人生を変えた本	1週間前に、ボランティア活動で小学校で読み聞かせをした。	なぜかこの絵本を大人になっても思いだし、今も大切にしている。	（なし）

高橋陽一『美術と福祉とワークショップ』二〇〇九年
高橋陽一編『造形ワークショップの広がり』二〇一一年
小串里子『みんなのアートワークショップ　子どもの造形からアートへ』二〇一一年
高橋直裕『美術館のワークショップ　世田谷美術館25年間の軌跡』二〇一一年
高橋陽一編『造形ワークショップ入門』二〇一五年
今井良朗『ワークショップのはなしをしよう　芸術文化がつくる地域社会』二〇一六年
高橋陽一編『特別支援教育とアート』二〇一八年
高橋陽一編『総合学習とアート』二〇一九年
また、ここで論じた教化をめぐる理論は、高橋陽一『共通教化と教育勅語』（東京大学出版会、二〇一九年）に学術論文が収録されています。

第2章
生涯学習社会と共生社会とワークショップ

キーワード

教育権　教育の機会均等　生涯学習　生涯学習社会
共生社会　インクルーシブ教育　特別支援教育　障害
障害者美術　アール・ブリュット

要　約

生涯学習社会とは、生涯にわたって、家庭教育や学校教育や社会教育の機会を得られる社会である。子どもから大人に、そして高齢者になっても様々な教育に触れるが、このことがすべての人の権利として認められている。障害のある人もない人もともに尊重する共生社会や、学校でもともに学んでいくインクルーシブ教育システムが世界的な潮流となっている。日本でも特別支援教育が広がり、多様な教育的ニーズに応えて、ともに学ぶ改革が進んでいる。障害者美術やアール・ブリュットの評価も進み、アートの世界においても障害者の社会参加が広がっている。造形ワークショップもこうした動向を踏まえて、障害の有無や年齢や立場の違いを超えた参加者に開かれた場でなければならない。

造形ワークショップは、すべての人々が造形の喜びを享受できるものでありたい。そう考えることは、美術愛好家や美術関係者だけの身勝手な思い込みなのだろうか。もちろん、喜びや楽しみは個人の心のなかのことだから、個人の勝手だと言われるかも知れない。しかし、社会のなかで、つまり世界や日本のなかで、誰もが造形の喜びを享受することを当然のこととして主張することはできるのか。この疑問を現在のルールに即して明らかにする課題を考えたい。

第一節　生涯学習社会

みんなにアートの権利がある

堅い話から始めよう。憲法や法律は、アートと対極にあると思われるかも知れないが、きちんと日本国憲法にも多くの法律にも、すべての人々にアートを含めた多様な文化を享受して教育を受けるチャンスが保障されている。明治天皇が定めた欽定憲法である大日本帝国憲法と比較して、**日本国憲法**は主権在民や平和主義とともに、基本的人権の尊重が基本になっているということは、中学校までに必ず学ぶことである。この基本的人権のなかに、「教育を受ける権利」つまり**教育権**がある。

日本国憲法（昭和二十一年十一月三日憲法）

第二十六条　すべて国民は、法律の定めるところにより、その能力に応じて、ひとしく教育を受ける権利を有する。

2　すべて国民は、法律の定めるところにより、その保護する子女に普通教育を受けさせる義務を負ふ。義務教育は、これを無償とする。

日本国憲法第二十六条は「教育を受ける権利」を定めて、最初の段落、つまり第一項で**教育の機会均等**を定めている。教育を受けるチャンスは同じというのは、子どもに限られた話ではなく、成人が多い大学教育にも適用される。二〇一八（平成三〇）年には女性の受験生にこっそり不利な採点をしていた医学部が社会問題になるが、これは憲法上の問題なのである。次の「2」で始まる段落、つまり第二項は子どもの権利としての**義務教育**を定めている。大人になったが義務教育を受けるチャンスがなかったという人は、この条文を読むともはや権利がないように読めるが、二〇一七（平成二九）年に不登校の子どもや夜間中学で学ぶ成人の支援を定めた**教育機会確保法**と略称される「義務教育の段階における普通教育に相当する教育の機会の確保等に関する法律」（平成二十八年十二月十四日法律第百五号）が制定されて、誰でも義務教育の機会があることが確認された。

日本国憲法は、第二十五条第一項で「すべて国民は、健康で文化的な最低限度の生活を営む権利を有する。」と定めている。これは生活保護など社会福祉の規定と考えられるが、ここに**文化**と書いているように芸術文化も含めて生活のなかの権利として定めているのである。

教育や文化は、お仕着せで与えれば足りるというものではない。それゆえ日本国憲法第二十一条は「集会、結社及び言論、出版その他一切の表現の自由は、これを保障する。」として**表現の自由**を定め、第二十三条で「学問の自由は、これを保障する。」として**学問の自由**を定めているのである。こうした自由は、教育や芸術が豊かになるためにも不可欠なものである。

このようにあらゆる人たちが、どんな年齢でも教育を受けることができるということを、**生涯学習** lifelong

learningという。戦後教育改革の精神に基づく**教育基本法**（昭和二十二年三月三十一日法律第二十五号）は、まだ生涯学習という言葉が定着していなかった時代に、第二条（教育の方針）に「あらゆる機会に、あらゆる場所において」教育が行われるという原則を掲げた。第1章で見た**海後宗臣**が陶冶、教化、形成という概念を提起したのも、こうした改革のための理論であった。このなかで、アメリカの**デューイ**の進歩主義教育の方法論として、研究集会と呼ばれた講習会・実習としての第二の意味の**ワークショップ**が移入されたのである。

生涯学習社会の確立へ

その後、一九六五（昭和四〇）年のユネスコの提起を受けて生涯学習の概念は世界に広まり、日本でも数々の施策と審議を経て一九九〇（平成二）年に生涯学習振興法と言われる「生涯学習の振興のための施策の推進体制等の整備に関する法律」（平成二年六月二十九日法律第七十一号）を制定して、現在のように生涯学習は周知の言葉となった。こうして二〇〇六（平成一八）年に全部改正された教育基本法は、この原則を次のように明記した。

教育基本法（平成十八年十二月二十二日法律第百二十号）

（生涯学習の理念）

第三条　国民一人一人が、自己の人格を磨き、豊かな人生を送ることができるよう、その生涯にわたって、あらゆる機会に、あらゆる場所において学習することができ、その成果を適切に生かすことのできる社会の実現が図られなければならない。

旧法第二条の文言を受け継いで生涯学習の理念として、生涯にわたって様々な学習をすることができる社会を実現することが明記された。これを**生涯学習社会**という。もちろん、人間が様々な影響感化を生涯にわたって受けていたことは人類の歴史の事実だが、それを法律で保障したのである。生涯学習は、生まれてからの**家庭教育**、義務教育を含む**学校教育**、地域や職場や美術館・博物館で行われる**社会教育**など多様な形態が含まれる。

この第三条に生涯学習は「自己の人格を磨き、豊かな人生を送ることができるよう」にするものだとある。このなかに、アートに関することや、造形ワークショップによる教育が含まれていることは言うまでもない。こうして、すべての人たちが、アートを享受する可能性が日本の法律のなかでも保障されていることがわかるのである。

自分自身の子ども時代の参加経験から「ワークショップは子どもたちのための活動ですね」という印象を持つケースが増えているのだが、あらゆる段階の学校教育でのワークショップの活用や、企業教育や地域活動の社会教育としてのワークショップも広がり、ワークショップは生涯学習のための教育スタイルとして広がりつつあるのだ。

第二節　共生社会のインクルーシブ教育

障害のある人もない人も

すべての人と言うとき、人にはそれぞれの体や心の状態がある。とりわけ、アートも含めて、様々な活動への参加に障壁となる**障害**のある人への配慮が必要となる。従来は重度の障害者に集中的に対応することが社会の到達であったが、障害というものは非常に範囲が広く、その定義も多様である。目に見えない障害もあるし、障害と呼ばれない高齢にともなう障壁もあるし、一時的な疾病や不調もある。こうした現実を踏まえて、障害のある者も、障害のない者も、多様な人々が同じように尊重しあえる社会を**共生社会**（inclusive society）と呼んで、この理念が二一世紀に世界的に強調されているのである。

この共生社会の理念に日本が取り組むきっかけとなった国際条約が、二〇〇六（平成一八）年一二月一三日に国際連合の総会で採択された**障害者の権利に関する条約**（Convention on the Rights of Persons with Disabilities、平成二十六年一月二十二日条約第一号）であり、**障害者権利条約**と略称する。この条約は、障害に基づくあらゆる差別の廃止と、障害者が社会に参加して包容されることを求めたもので、日本は二〇一四（平成二六）年に締結した。

日本にはそれ以前から障害者のための法律があったのだが、この条約締結に前後して改正や制定をして整備を進めた。**障害者基本法**（昭和四十五年五月二十一日法律第八十四号）を二〇一一（平成二三）年に改正して、障害の有無にかかわらず共生する社会という基本理念を明記した。二〇一二（平成二四）年には、障害者への自立支援給付などを定めた**障害者総合支援法**（正式名称「障害者の日常生活及び社会生活を総合的に支援するための法律」平成十七年十一月七日法律第百二十三号）を制定した。二〇一三（平成二五）年には不当な差別的取扱の禁止と合理的配慮などを定めた**障害者差別解消法**（正式名称「障害を理由とする差別の解消の推進に関する法律」平成二十五年六月二十六日法律第六十五号）を制定した。同年に、「雇用の分野における障害者と障害者でない者との均等な機会及び待遇の確保」を求める**障害者雇用促進法**（正式名称「障害者の雇用の促進等に関する法律」昭和三十五年七月二十五日法律第百二十三号）の改正を行った。

障害者権利条約の第二十四条は、**インクルーシブ教育システム**（inclusive education system、条約の翻訳では「包容する」教育制度）を求めている。障害者も健常者も差別なしに包容される教育のあり方である。この条約を契機に、障害のある者と障害のない者がともに学ぶ教育としての**インクルーシブ教育**（包括的な教育）や**インクルー**

ジョンという言葉が広まった。

障害者が教育を受けるためには、校舎の建築から座席の配置、手話や教材の点字翻訳などの支援者など、特別なニーズに応じた配慮が必要となってくる。このように障害のある者が教育の機会を活用するために、個人ごとに必要な合理的配慮が提供される必要がある。**合理的配慮**とは、財政や体制から不可能なものでも均衡を失するものでもないという意味で合理的なもので、障害に応じた必要を満たす配慮である。こうした配慮によって障害者が自分自身で可能なことを行い、社会に参加することが実現するのである。障害者差別解消法では、この合理的配慮の義務を広く行政機関や企業・団体に求めた。こうして従来から行政や企業が行ってきた建築や公共空間のバリアフリー化が、教育の現場にも広がったのである。

インクルーシブ教育における合理的配慮は、障害のある子どもとともに、障害のない子どもにとっても、相互の理解や助けあいを実感できる有意義なものである。日本では明治期から視覚障害者のための盲学校や聴覚障害者のための聾学校による教育が始まり、さらに知的障害、身体障害、病弱などに対応した養護学校が始まった。**戦後教育改革**では学校教育法のなかで、盲学校と聾学校と養護学校が制度化された。盲学校と聾学校の都道府県による設置義務として義務教育の基盤が保障された。しかし、養護学校が都道府県の養護学校設置義務として制度化されるのは一九七九（昭和五四）年まで遅れたことも事実である。二〇〇六（平成一八）年の全部改正で教育基本法は、第四条（教育の機会均等）の第二項として「国及び地方公共団体は、障害のある者が、その障害の状態に応じ、十分な教育を受けられるよう、教育上必要な支援を講じなければならない。」として**障害者教育**の保障を明確にした。こうした改革は障害の当事者や保護者と教師たちの一〇〇年を超える熱意で支えられてきたものである。

世界的なインクルーシブ教育の流れは、障害者教育を重視するだけではなく、障害のある者もない者もともに学ぶ教育の場を求めるものであった。しかしここまでの障害者教育は特殊教育と制度上呼ばれた。それは、悪く言えば、障害のある子どもたちとそうでない子どもたちを分ける形で行われてきたものであった。もちろん、障害は、医学的にせよ、社会的にせよ、事実として存在する。そしてその障害は多種多様、百人百態であり、簡単に切り分けられないことも事実である。

特別支援教育の広がり

こうして多様な障害を、教育の側面から、一人ひとりが成長するために必要なもの、つまり**特別な教育的ニーズ**として把握して、あらゆる学校で対応する**特別支援教育**という原則へ変更した。二〇〇六（平成一八）年の学校教育法の改正では、この特別支援教育によって学校教育を改革して、従来の盲学校と聾学校と養護学校を**特別支援学校**と改称した。そして特別支援教育は、この特別支援学校に在籍する子どもたちだけではなく、特別支援学校をセンターとして、他の学校でも取り組まれることになった。つまり、小学校や中学校には、障害のある子どもたちが在籍する**特別支援学級**、障害のある子どもたちが通常の学級に在籍しながら一定の時間は別の教室で障害に応じた専門的な指導を受ける**通級による指導**があり、さらに通常の学級でも障害のある多くの子どもたちが学ぶという多様性があるのである。子どもにとっても、障害の変化に応じて特別支援学校から小学校・中学校などに転学したり、また特別支援学校と他の学校に同時に在籍するなど、障害のある子どももない子どももともに学ぶインクルーシブ教育システムへと移行しているのである。障害の捉え方も、従来の機能別に考える障害のほか、発達の過程で多様に発現する**発達障害**という概念が確立し、そのなかには言語や数量など特定の分野の理解が難しくなるために学校教育で支障が発生する**学習障害**という概念も含まれている。なお、障害の理解と学校における対応については、『特別支援教育とアート』に記したので、参考にしてほしい。

特別支援教育は、歴史的な経過からも、すべての人たちに保障された義務教育を焦点にして整備が進んできた。しかし、障害のある人たちは学校を卒業してからも人生における歩みを続けるわけで、**生涯学習**としての視点から考える必要がある。

障害者美術とアール・ブリュット

障害者美術という概念は、美術を表現する主体として障害者を位置づけるものである。養護学校における美術教育や、障害者や高齢者の社会福祉施設など、様々なフィールドで広がっていった。ここには、障害者の社会参加や美術を通したリハビリテーションやリクレーションという意義が重んじられていたが、現在では**アール・ブリュット**という表現で、障害者の作家性や作品の価値を認めるものとしても展開している。

この障害者美術やアール・ブリュットの捉え方は、現場においても、理論の世界でも非常に複雑な様相を持っている。アール・ブリュットを提唱したフランスのジャン・デュビュッフェは生《き》の芸術 Art Brut を「芸術的教養に毒されていない表現」つまり美術教育などを受けていない美術という定義で示したので、ロジカルに現実に当てはめると特別支援教育や社会福祉で美術教育が広がっている社会にはアール・ブリュットは存在しないことになる。また英米で広がった**アウトサイダー・アート**と呼ばれる社会の秩序の外側から表現するものとして障害者の美術を評価していく流れもあり、こちらも障害者をアウトサイダーとして社会から除外するものだという議論もある。いずれにせよ、制作者も関係者も大いに議論をするのは大切なことで、こうした議論があること自体が、二一世紀における障害者の社会参加がアートの世界で広がっているということを示している。

こうした障害者による文化芸術活動を推進することを日本として位置づけて政府が施策を推進するために、二〇一八（平成三〇）年には「障害者による文化芸術活動の推進に関する法律」が制定された。まだ略称は定着していないので、**障害者文化芸術活動推進法**と呼んでおく。

障害者による文化芸術活動の推進に関する法律（平成三十年六月十三日法律第四十七号）

（目的）

第一条　この法律は、文化芸術が、これを創造し、又は享受する者の障害の有無にかかわらず、人々に心の豊かさや相互理解をもたらすものであることに鑑み、文化芸術基本法（平成十三年法律第百四十八号）及び障害者基本法（昭和四十五年法律第八十四号）の基本的な理念にのっとり、障害者による文化芸術活動（文化芸術に関する活動をいう。以下同じ。）の推進に関し、基本理念、基本計画の策定その他の基本となる事項を定めることにより、障害者による文化芸術活動の推進に関する施策を総合的かつ計画的に推進し、もって文化芸術活動を通じた障害者の個性と能力の発揮及び社会参加の促進を図ることを目的とする。

（定義）

第二条　この法律において「障害者」とは、障害者基本法第二条第一号に規定する障害者をいう。

（基本理念）

第三条　障害者による文化芸術活動の推進は、次に掲げる事項を旨として行われなければならない。

一　文化芸術を創造し、享受することが人々の生まれながらの権利であることに鑑み、国民が障害の有無にかかわらず、文化芸術を鑑賞し、これに参加し、又はこれを創造することができるよう、障害者による文化芸術活動を幅広く促進すること。

二　専門的な教育に基づかずに人々が本来有する創造性が発揮された文化芸術の作品が高い評価を受けており、その中心となっているものが障害者による作品であること等を踏まえ、障害者による芸術上価値が高い作品等の創造に対する支援を強化すること。

三　地域において、障害者が創造する文化芸術の作品等（以下「障害者の作品等」という。）の発表、障害者による文化芸術活動を通じた交流等を促進することにより、住民が心豊かに暮らすことのできる住みよい地域社会の実現に寄与すること。

2　障害者による文化芸術活動の推進に関する施策を講ずるに当たっては、その内容に応じ、障害者による文化芸術活動を特に対象とする措置が講ぜられ、又は文化芸術の振興に関する一般的な措置の実施において障害者による文化芸術活動に対する特別の配慮がなされなければならない。

この法律の特色は、文化芸術の創造や享受について、障害のある者もない者も有する権利であることを共生社会の原則から確認して、とりわけ障害者の文化芸術活動を推進するために、障害者の作品等が正当に評価されて保護されることを求めたものである。まさに、障害者美術、アール・ブリュット、アウトサイダー・アートなどの社会的な広がりに対応した法律と言える。

この法律は国会で一人も反対がない形で成立した法律であるが、議員立法であることから、二〇一八（平成三〇）年では文化庁の主管する障害者文化芸術活動推進会議が一度開かれただけである。こうした法律が実際に生きた常識となってインクルーシブ社会の流れを形成するかは、今後の関係者の努力によっている。すでに、**障害者スポー**

ツが世界的な動きとなり、パラリンピックがオリンピックと並んで呼ばれるに至っている現状を見ると、障害者の文化芸術活動が社会的に正当な評価を受けていく流れが広がっていくだろう。

ここで述べた、生涯学習社会や共生社会の教育を、造形ワークショップの前提として考えておきたい。**参加者**という概念には、そのワークショップに参加する者の障害の有無や、多様な年齢と立場などを持った人々が含まれる。所属集団や年齢を限定して行うワークショップも多いだろうが、本来は障害の有無や年齢を問わずに実施可能な方策を考えていくことが共生社会の前提である。医学や制度上の障害だけではなく、どんな人にも「できないこと」があり、それは発達によって解決することもあるが、加齢とともに「できないこと」が増えるものである。私たちが生涯学習社会におけるワークショップを考えるならば、こうした配慮が必要になるのである。文章上は「障害の有無」と二分法で書かざるを得ないが、実際には視覚にせよ、聴覚にせよ、身体機能にせよ、知的能力にせよ、状態にせよ、多種多様に違いがあり変化があることを、改めて確認しておきたい。

Q&A：授業で寄せられた質問から

――高齢者のワークショップを経験しましたが、参加したくない人が多数いて、参加者のうち数人が実際には企画した「貼り絵」ができませんでした。その人には私が代わりに作業したのですが、それでも造形ワークショップと呼べますか。

（美術と福祉プログラムの受講学生から、過去二〇年余りで何度も出されつづけた質問）

はい、まさに造形ワークショップであり、ワークショップとしか言えないワークショップの定義そのままに実践したのだと思います。「参加者が主体になった教育」という点では、参加者が参加したくない教育の機会は拒否してよいということです。私がみなさんに課題提出や試験を課するように学校教育には強制がともないますが、本来のワークショップでは参加の自由があるべきでしょう。また、「その過程や結果を参加者が享受することを目的とする」という点では、参加者の作業が困難な場合に、ファシリテータやまわりの参加者が助けたり代行したりして、過程や結果が共有できるのであれば十分に目的は達せられたということだと思います。さて、あなたがかかわったその方はどうでしたか。

――障害という漢字で説明がありましたが、私が学んだ学校の先生は、「障害と書くのは差別だから、障がいと書きなさい」とおっしゃっていました。どうでしょうか。（ワークショップの授業や教職の授業でよく出される質問）

障害をめぐって、この見解は現在でも多く聞きます。仏教文献で多く登場する障礙（しょうげ）を障礙（しょうがい）と発音してバリアとなるもの一般を意味するようになり、画数の多い「礙」の略字である「碍」に置き換わり、「障碍」という熟語も近代に至るまで広がっていきました。一方で「さまたげ」を意味する「礙」と「碍」とは別系統の漢字ですが、「そこなう」を意味する「害」も「がい」と同じ発音ですから、「障害」という熟語も出てきます。そして戦後教育改革で一九四六（昭和二一）年の当用漢字、一九八一（昭和五六）年の常用漢字として、「害」のみが採用されたので、学校や公文書でも「障害」のみが公式に使われるようになりました。しかし、歴史の古い「礙」の略字の「碍」を、「そこなう」意味がある「害」とは別に常用漢字に入れて、公式に「障碍」と記すのがよいという議論から常用漢字の見直しが行われましたが、二〇一〇（平成二二）年の常用漢字の改正では「碍」が含まれることはありませんでした。しかし二〇一八（平成三〇）年現在も見直しを認める声があり、文化庁が検討していることも事実です。常用漢字は文字数や画数を制限することで多少の無理があっても教育や文化を簡便にする機能がありますが、「碍」には「碍子《がいし》」（電柱の電線から電気が伝わらないようにする障害物）しか別の使い方がない漢字ということもあります。また、「障害」と書いても「障碍」「障礙」と書いても、悪いイメージがないわけではないですね。「害」だけが公害のようで悪い意味だという意見もありますが、差し障りの「障」もよい意味ではありません。「障がい」ではなく「しょうがい」と書くべきだという意見もありますが、漢字の音による仮名書きですから、「障害」などの漢字がないと意味が伝わらない日本語です。このように、議論はつきないわけですが、こうした議論が盛り上がっていること自体にも、いまの障害や共生社会への関心がある証拠でもあるので、多様な意見と見解を歓迎したいと思います。

練習問題：深い学びのために

自分自身と家族や職場を見渡して、現在の生涯学習社会はどうなっているでしょうか。いままでの学校体験や教育訓練体験を述べるだけではなく、これからどんなことを学びたいかなどを聞いたり語ったりしましょう。そうした学びが、家庭教育・学校教育・社会教育という区分や、海後宗臣の陶冶・教化・形成という用語から、どう整理できるか考えてみてください。

参考手法：地域が見えるワークショップ

地図を使ったワークショップです。ワークショップの会場に想定する地域や建築物について、そこまでの地図を準備して、駅や入り口から会場まで「車椅子で通行できるか」「昇降の困難な高齢者が移動できるか」などの課題を設定して、現場を歩いたうえで、考えてみてください。そして「誰でも通りやすい通路」や「車椅子で通れる道」を発見してください。実際に参加者にニーズがある場合の案内の仕方も考えてみてください。

参考資料：さらに読み解くために

まず、生涯学習社会を保障する教育基本法は、高橋陽一『新しい教育通義』（武蔵野美術大学出版局、二〇一八年）に詳しく解説しました。特別支援教育とアートの関係は、『特別支援教育とアート』（同、二〇一八年）で、インクルーシブ社会における特別支援学校・特別支援学級・通級指導・通常学級などでの多様な造形ワークショップのあり方を論じました。

障害については、現在における正確な専門的知識と、その対応法の実際を知る必要があります。医学や心理学の分野でも様々な学説や見解があることも事実ですが、実際に配慮するべき事例がある場合は、医師やカウンセラーなどまわりの専門家の意見を求めてください。学校教育では地域の特別支援学校がセンター的機能を持って他の学校の教員の相談の窓口となります。

第3章
アクティブ・ラーニングとワークショップ

キーワード

生きる力　思考力・判断力・表現力等　言語活動
資質・能力の三つの柱　アクティブ・ラーニング
主体的・対話的で深い学び　手法としてのワークショップ

要　約

明治維新で移入された近代学校は、今日ではすべての人たちに開かれた生きる力を育む教育を担ってきた。この新しい改革として、学校教育で育む資質・能力の三つの柱を伸ばしていくために、主体的・対話的で深い学びとしてのアクティブ・ラーニングが強調されている。学校教育とワークショップは異質なものではあるが、手法としてのワークショップを活用することにより、アクティブ・ラーニングを進めて、学校教育本来の目的を実現することができる。

すでに学校関係者は慣れているが、そうでない人たちには二〇一七（平成二九）年ごろから急に登場した言葉を紹介しておきたい。それはこの年に文部科学省から発表された学習指導要領により、これからの学校教育は、**アクティブ・ラーニング**という方法によると定められて、**主体的・対話的で深い学び**と定義されたことである。漢字を暗記したり、計算方法を練習したり、こつこつと一人で作業することが否定されたわけではない。こうした**基礎・基本**として身につける**知識及び技能**は引きつづき大切であるが、教室のみんなが自分で考えて明確にして他人にも伝えるというアクティブな学びが強調された。こうした応用的な能力を**思考力・判断力・表現力等**と呼ぶ。また、知識だけではない**学びに向かう力・人間性等**も不可欠だとされた。こうして知識及び技能と、思考力・判断力・表現力等と、学びに向かう力・人間性等の三つを、学校教育を通じて培われる**資質・能力の三つの柱**と定義して、この資質・能力の三つの柱を伸ばす方法として、主体的・対話的で深い学びが位置づけられたのである。

ここで重要なのは、アクティブ・ラーニングと呼ばれる方法が、従来からの学校とどういう関係にあるかという問題である。このことは歴史的問題であるとともに、同時に、造形ワークショップが学校教育にどう位置づくのかを検証するために不可欠の課題でもある。

第一節　歴史から見たアクティブ・ラーニング

学校のあゆみ

第1章で見たように教育を次世代の育成と捉えるならば、人類の歴史とともに親が子どもを育む教育は存在した。親だけでは教えられない高度な内容を、知識や技術を持つ大人が教師として若者を教える**学校**が成立する。古代ギリシャやローマの哲学者が教えたスコレーやスコラと呼ばれて英語のスクールの語源となった学校や、中国戦国時代の孟子が庠序《しょうじょ》学校という制度を主張して漢字文化圏の学校の語源となった学校である。このように海後宗臣の言う「形成」や「教化」が中心の教育から「**陶冶**」が派生してきたのである。

この時期に学校教育を受けたのは、社会を支配する階層の若者たちであり、雄弁術や高度の文章技法など暗記力を超えたもので、指導層にふさわしい高度のレベルをめざしていた。支配層の若者は初歩の文字学習などを両親や乳母、家庭教師などから受けていたので、学校教育は家庭教育では不十分な学習がめざされていた。ギリシャ市民が市民集会で、中国の士大夫が王侯の前で、堂々と自分が思考して判断した主張を説得力ある表現とともに述べる高等の雄弁術や文章技法が若者たちには必要となった。そのために若者はソクラテスや孔子と対話したり、プラトンやキケロや孟子の演説や著述を学んだのである。このように考えると、今日も伝わる古代の対話集や演説集などの古典は、思考力・判断力・表現力等が試された古代学校のアクティブ・ラーニングの記録なのである。ただし、この時代の美術教育は、職人の作業所における形成や、古代建築や彫刻から影響を受ける教化に留まっていた。

古代からの学校は、その社会で力を持つ階層の特権であり、すべての人々に開かれた教育機関ではなかった。徐々に西洋ではキリスト教の教義を子どもに伝えるための教会学校や、江戸時代の日本では読み書きを町民や農民の子どもに教える手《て》習塾《ならいじゅく》（寺子屋）という民衆の教育機関が広がっていく。こうして、近代西洋社会では、誰でも学校に行く権利があるという義務教育（親が子どもを学校に通わせる義務）の理念や、訓練を受けた教師が効率的に教室で多人数の子どもに教育する技術である**一斉教授法**が広がっていく。こうして、知識中心の**近代学校**と呼ばれる、今日の世界で当たり前の学校システムが成立したのである。近代学校のスタートでは、読み書きと算数の初歩が中心で、美術教育が組み込まれるのは遅れていた。また、近代産業を支える大量生産のように、多くの民衆を教育するシステムであるから、初歩の暗記や技術的訓練に留まる傾向もあった。近代学校が民衆に開かれて、産業と文化の発展に寄与したことは大きな貢献だが、家庭教育の代わりに基礎・基本を中心として、暗記や訓練によって学習したスタイルは、今日のアクティブ・ラーニング論で見直されている課題が、ここから発生しているとも言えるのである。

近代学校の能力論

明治維新後の近代日本は、各地に広がっていた手習塾を基盤として、西洋近代をモデルとした文化を受容するために近代学校を導入した。誰もが学校に行って実用的な学問を学ぶために、維新政府は一八七二（明治五）年に**学制**を定め、数年で全国に約二万校の小学校が成立するという奇跡的な近代化をなしとげた。

学制による近代学校の実用的な学問とは、読み書きから西洋近代の文化に至るものであったが、教師たちには美術や音楽を教える能力は備わっていない。維新政府は、西洋近代の美術や音楽を受容することを不可欠と考えて、新たに一八七九（明治一二）年に音楽取調掛や一八八五（明治一八）年に図画取調掛を置き、これが東京音楽学校や東京美術学校という専門学校（今日の東京藝術大学）に発展して音楽家・美術家とともに音楽教育者、美術教育者が養成された。こうした教育者と、その教えを受けた小学校教員により学校現場で音楽や美術の教育が準備される。子どもが、西洋絵画や図学の基本を身につけ、西洋音楽風の唱歌を歌う陶冶が明治期から開始された。大人たちも、展覧会や音楽会で、演奏や作品を通した教化としてのアートに触れる機会が、少しずつだが、確実に進んでいく。

一方、学制では「学問は身を立つるの財本」として、個人が生きていくための実用的な教育が唱えられていたが、西洋近代と同様の自由や権利の意識が広がり明治一〇年代には自由民権運動も盛んになる。これに対して、西洋並みの憲法を準備しつつも、古代から権威を前提とした天皇が主権を持つ欽定憲法としての大日本帝国憲法が一八八九（明治二二）年に公布される。この天皇の主権下の国民を臣民と呼び、教育の目的を天皇に奉仕する臣民の育成に置いたのが、一八九〇（明治二三）年の**教育勅語**であった。江戸時代まで親しんできた古代中国の儒教に依拠する「孝」などの徳目と、西洋近代の市民社会の徳目である「博愛」などの徳目が列記されて、それらがすべて「天壌無窮ノ皇運」つまり天地とともに永遠につながる天皇の命運に奉仕するためだと宣言された。個人の発達や世代交代の教育ではなく、秩序づけのための教化が、典型的にこのとき成立したことになる。

大正自由教育と教育改革

学校教育は発展を遂げて明治末年には小学校の就学率は一〇〇％に近づいた。大正期も、学校設立が相次ぎ、多様なメディアが普及した。この時代の政治と文化が大正デモクラシーと呼ばれる。教育の世界では、女性教育家エレン・ケイが二〇世紀を児童の世紀にすると主張して、欧米各国で新しい教育内容や教育技術が開発され、知識の暗記に留まる近代学校が正面から批判された。これが日本でも**大正自由教育**と言われる教育運動に展開する。驚かれるかも知れないが、明治期の作文や図画は、大人の描いた作文や図画を手本に、大人のような作品をつくることが指導された。大人のような挨拶文や、クラス全員が同じ絵を写すことがもてはやされた。これに対して、子どもの成長を科学的に把握して、子どもが子どもの視点で自由に表現することが必要だとなったのである。いまでは当たり前の、理科室の実験も、音楽室での演奏も、図工室の工作も、この時期に学校建築が見直されて本格化する。基礎・基本に留まらない思考力・判断力・表現力等を学校で育むためにも、主体的・対話的で深い学びが必要だという言葉は現在のものだが、実はその方法はこの大正期に多くの教師が気づいて実践したものなのである。教科の枠についても、教科横断的に教える**合科教授**が提唱された。第1章で見たアメリカのジョン・デューイの教育思想も国内で紹介された。アメリカの進歩主義教育と呼ばれた手法は、日本にも輸入されたが、まだ彼のワークショップは日本では用いられなかった。

昭和期には、大陸での戦争と思想統制が教育にも影響を与える。それでも学校の設立や、小学校卒業者が次の学校に進学する傾向はどんどんと進んでいった。第二次世界大戦の遠因ともされる一九二九（昭和四）年のウォール街の株価大暴落の年、帝国美術学校（今日の武蔵野美術大学）が創立されている。

しかし、大正自由教育が最も積極的に展開されたのは、裕福な階層の子どもたちが通学する師範学校附属小学校や私立小学校に限られた。ただ、この効果的な方法論は、大日本帝国憲法と教育勅語のもとの学校に吸収されていくことで、日本中の小学校に徹底された。これが、太平洋戦争開戦の年となる一九四一（昭和一六）年に制度化された**国民学校**である。国民学校では近代学校としての小学校を否定して、全国の小学校を国民学校と学校名まで改めた。すべての授業科目を見直して統合した合科教授を制度化した。知識偏重を批判して体験を重視した錬成という方法を掲げた。これは国民学校令という勅令つまり天皇の命令として、「皇国ノ道」や「錬成」として掲げられたのである。田園や工場の労働を行う勤労奉仕は、方法論としては優れたアクティブ・ラーニングと言えるが、結局は教育勅語のもとに子どもたちを戦争に動員するものであった。あらゆる人員と資源を戦争に用いる構想を総力戦と呼ぶ。いくら方法を改革しても、目的が教育勅語で定められている限り、結局は秩序づけのための教化にからめとられるのである。

戦後教育改革からワークショップへ

日本と世界に災禍をもたらした太平洋戦争が終わると、教育の見直しが根本から**戦後教育改革**としてスタートした。主権在民と基本的人権と平和主義を掲げる日本国憲法が一九四六（昭和二一）年に公布され、この精神を踏まえた**教育基本法**と**学校教育法**が一九四七（昭和二二）年に公布されたのである。第1章で見たとおり、海後宗臣が一九四七年にワークショップを日本で初めて実施し、翌年に陶冶・教化・形成の概念を提唱した『教育編成論』を刊行した。

教育勅語を暗記して天皇を中心にした道徳を教える修身や、都合のよい歴史を暗記させる日本歴史の授業等は中止された。これに代わって、世界と日本と地域の現実とモラルを学ぶための社会科がスタートしたのである。社会科は暗記科目という印象があるかも知れないが、本来は学校がある地域ごとに課題を考えて、子どもたち自らが調べて現実に学んでいくアクティブ・ラーニングそのものであった。すでに国民学校の時代に広がった大正自由教育からの教育方法が、新しい憲法と教育基本法のもとで、再び子どもたちのための学びとなったと言える。

この戦後教育改革の手法は、社会科を中心に課題を設定して、学校のカリキュラム全体を現場の教師がつくりあげる運動へと進んだ。これも合科教授の一つであり、学校全体で中心つまりコアを決めて、あらゆる教科を統合して授業を行うコア・カリキュラムも普及した。ただ、模索のなかでは、基礎・基本となる知識及び技能がおろそかになるという批判も出てくる。また、文部省の学校教育の指針である**学習指導要領**は戦後改革期は「試案」にすぎなかったので地方に多くの裁量が委ねられていたが、法的拘束力のある全国の学校共通のルールとなった。戦後復興から高度成長へと進むなかで、詰め込み式の教育と言われるまでの知識内容が増えていく傾向が進んだのである。

第二節　教育改革のなかのアクティブ・ラーニング

教育改革の時代の学力論

知識中心の近代学校という性格は、二〇世紀初頭の世界的な新教育と大正自由教育でも、日本の総力戦下の国民学校でも、戦後教育改革でも、つねに批判されて改革が唱えられてきた。しかし、学校そのものが持つ家庭教育や職場教育を超えた機能や、一斉教授法による知識や技能の伝達の効率性は、いわば人類の遺産とも言うべきものである。それゆえに、この学校というものをどう再生させていくかという教育改革が永続的な課題とさえ言える。これから見るように、一九八〇年代から現在まで、文部省・文部科学省は教育改革にずっと取り組んでおり、五〇～二〇歳代にあたる現役の教師は、教育改革の時代に育ってきたと言える。

一九七〇年代はじめに高度経済成長が終わって、オイルショックなどの波乱があっても、教育基本法や学校教育法による枠組みが大きく変化することはなかった。義務教育として保障されていない高等学校もほぼ全員が進学するという量的な拡大を実現して一九八〇年代を迎えることになる。

一九八四（昭和五九）年に**臨時教育審議会**が内閣総理大臣の諮問機関として設置されて、戦後の教育の方向を打ち出してきた文部大臣の諮問機関である**中央教育審議会**とは、別個に政府の方針を審議した。すでに一九八一（昭和五六）年には戦後二度目の設置で第二臨調と呼ばれた臨時行政調査会が行政制度全般にかかわる審議をしており、臨時教育審議会は戦後教育全般を見直すものであった。実際には、一九八七（昭和六二）年までに四次にわたる答申を出した。この臨時教育審議会で出されたキーワードは、教育の自由化であり、個性化や多様化といった言葉でも論じられた。第四次答申の言葉では、個性重視の原則、生涯学習体系への移行、変化への対応と三つにまとめて説明した。

この八〇年代の改革論は、総花的で理念的であったので、実際の教育制度や方針が大きく変わったわけではなかった。しかし、この一九八〇年代から、教育改革という言葉が継続的に使われるようになり、二〇〇一(平成一三)年から文部省が文部科学省となったときに、文部科学省設置法の所管事項は、「豊かな人間性を備えた創造的な人材の育成のための教育改革に関すること。」と明記された。つまり「教育改革」が恒常的な課題となって現在に至るのである。こうして、臨時教育審議会の方向性は長期的な影響力を持ったのである。

さて臨時教育審議会の答申のもとでの制度改革は限られたが、現在に通じる学力観の変化は今日の起点となるものがあった。まず、一九八九(平成元)年三月に学習指導要領の全面的な改定(全部改正)が行われる。学習指導要領は、戦後は一〇年に一度の全部改正が定着しているので、いまから言えば、三つ前の学習指導要領ということになる。このときの学校教育法施行規則改正や学習指導要領では、小学校低学年の生活科を新設して、高等学校の社会科を地理歴史科と公民科へ再編成し、家庭科の男女必修化をするなど、子どもたちの目に見える教育課程の改革もあった。高等学校社会科の分割は合科教授とは逆方向だが、小学校一年生と二年生の理科や社会科などをあわせた**生活科**は、合科教授の典型例と言えるし、また知識よりも実際の経験を活かしたアクティブ・ラーニングの先行事例と言える。この導入が、次の「総合的な学習の時間」のきっかけとなる。このように、子どもたちの日常の時間割については、ある程度の変化があった。

この一九八九年の学習指導要領の眼目は、**新しい学力観**または新学力観という言葉である。この言葉自体が学習指導要領に書かれているのではないが、学習指導要領や通信簿の原本にあたる指導要録の記載事項の見直しにおいて、**関心・意欲・態度**という三つの言葉が強調された。児童・生徒が学習内容に関心を持ち、学習の意欲を高め、それが学習態度にも示されることを成績評価の対象として、具体的には指導要録や調査書に記載される観点別学習状況の評価項目としたのである。

つまり教科・科目の成績評価の基準を示す観点ごとの項目として、関心・意欲・態度の言葉が盛り込まれることによって、学校教育の現場に定着したのである。こうした新しい学力観の枠組みは、現行の学習指導要領でも継承されている。新しい学力観という言葉が三〇年ほど経過して陳腐化して使われなくなっても、関心・意欲・態度という言葉が維持されていることになる。臨時教育審議会で個性重視の原則として強調されたものが、この新しい学力観にも表現されている。この新しい学力の定着にともなって、学校内の試験成績の点数だけではなく、毎日の授業態度や、授業科目以外の部活動、児童会や生徒会の活動、さらにボランティア活動をすることが進学のためにも推奨される時代へと変化したのである。この変化はまた、今日のアクティブ・ラーニングの登場につながることも理解できよう。

生きる力の登場

それから約一〇年たって、一九九八（平成一〇）年の小中学校の学習指導要領と翌年の高等学校の学習指導要領の全部改正で、**生きる力**と**ゆとり**が強調された。これを方向づけたのは、一九九六（平成八）年七月一九日の中央教育審議会答申「21世紀を展望した我が国の教育の在り方について」（第一次答申）である。この副題に「子供に[生きる力]と[ゆとり]を」というキーワードが掲げられた。答申は生きる力を「全人的な力」として、「これからの変化の激しい社会において、いかなる場面でも他人と協調しつつ自律的に社会生活を送っていくために必要となる、人間としての実践的な力」とする。すでに新しい学力観で出されていた概念を生涯学習社会の範囲に広げた概念であることがわかる。答申では「自分で課題を見つけ、自ら考え、自ら問題を解決していく資質や能力」といった応用的な能力、倫理観や道徳、健康や体力など、知育、徳育、体育にかかわる全体的な能力像を描いている。こうなると、これまでの教育で考えられた能力論が生きる力にはすべて含まれることになる。

しかし、この答申の特徴は、従来の近代学校への批判として、生きる力とゆとりを結合した点にある。答申は、「これまでの知識の習得に偏りがちであった教育から、自ら学び、自ら考える力などの［生きる力］を育成する教育へとその基調を転換していくためには［ゆとり］のある教育課程を編成することが不可欠であり、教育内容の厳選を図る必要がある。」と述べる。生きる力とゆとりのために、教育内容を厳選していくという発想である。これが、**教育内容の厳選**と**基礎・基本**の徹底という表現で明示された。学校教育を「社会の変化等に伴い、絶えずその教育内容を肥大化・専門化させる要請がある」と位置づけて、高度成長期の詰め込み式教育が増大した傾向を批判して、基礎・基本となる内容を絞り込むことを主張した。これに従って、一九九八（平成一〇）年の小中学校と翌年の高等学校の学習指導要領の改正に連動して、学校教育法施行規則の定める授業時数が三割減となった。各学年の学習内容を削減して、次の学年に内容を先送りすることになる。こうして、教科書が薄くなった、円周率を三・一四ではなく三で教えているとマスコミや受験産業からの批判が出てきたのである。

詰め込み式になった学校の教育内容を基礎・基本を中心に厳選して、生きる力を育むゆとりある教育とするという改革の理念は、筋が通っている。ただ、この前提には、学習内容の厳選よりも、学習時間の削減があり、児童・生徒の登校日数、いや、教員の勤務日数の削減があったのである。つまり一般の労働者も公務員も週休二日制が進み、学校も一九九二（平成四）年九月から月一回、一九九五（平成七）年四月から月二回の土曜日の休みが入り、ついに二〇〇二（平成一四）年四月から学校週五日制を導入するという前提があったのである。なお、高等学校の**学校週五日制**は一年遅れ、また私立学校等は土曜授業を継続した事例が多い。

また、教育内容の厳選という時間数削減を行いつつも、同時に、新しい授業の新設が行われた。これが、生きる力の理念を具現化した、「**総合的な学習の時間**」である。一九八九（平成元）年に小学校低学年に導入された生活科を維持しつつ、小学校三年生から高等学校までの各学年に設定された。これは大正自由教育の合科教授や戦後のコア・カリキュラムなどの教育の経験を踏まえたものであるが、既存の授業科目とは別個に、新しい「時間」として設定したことが特徴である。各授業科目で学んだ基礎・基本が、世界や地域の現実の課題に取り組む「総合的な学習の時間」で応用的に活かされて、生きる力が育まれることになる。新設の「総合的な学習の時間」は週あたり時間数で言えば小中学校で三時間程度という多くの時間が設定された。この時間は名称も学校に委ねられ、「総合」のほか、「〇〇の時間」など地名や学校名を冠して名づけることも可能である。また、教育内容も学校の裁量が大きく、教科書も指定されなかった。しかし大正自由教育や戦後教育改革のノウハウも失なわれた学校現場では、もてあます時間となり、指導をしかねて自習や他教科の時間になった実態も発生した。

このほか、一九九八（平成一〇）年の学校教育法の一部改正では、中高一貫教育を行う六年制の中等教育学校が新たに定められ、一九九九（平成一一）年四月から施行された。こちらは、受験学力とは一線を画した公立学校改革として行われたものであるが、実際には入学試験で学力試験は行わないという原則が維持されつつも、進学校としての実態が進んでいる。

確かな学力と法令の整備

さて、一九九六（平成八）年の中央教育審議会答申を受けて、一九九八（平成一〇）年と翌年の学習指導要領が、二〇〇二（平成一四）年四月から小学校と中学校で、翌年から高等学校で実施され、二〇〇二年四月から学校週五日制がすべての週にわたって実施された。一方で授業時間削減による**学力低下**の不安がくすぶっていた。高位を誇っていたＩＥＡの調査である一九九九（平成一一）年のＴＩＭＳＳ《ティムズ》調査で順位を下げ、二〇〇〇（平成一二）年のＯＥＣＤのＰＩＳＡ《ピザ》調査では読解力で八位になるなどの結果発表が重なった。これらの調査は実施二年後あたりに集計発表がされるために、以前の教育課程で実施された調査であるにもかかわらず、「ゆとり」の弊害だと喧伝された。

少し説明すると、**国際学力調査**として各国が参加する調査は、この二つが代表的である。**ＩＥＡ**と略称される国際教育到達度評価学会は、**ＴＩＭＳＳ**と略称される国際数学・理科教育動向調査を一九六四（昭和三九）年から開始しており、日本は小学校四年と中学校二年でサンプリング調査として参加する。これは理科の知識や算数・数学の技能を測定する基礎・基本に該当する。一方で**ＯＥＣＤ**と略称される経済協力開発機構は、**ＰＩＳＡ**と略称される生徒の学習到達度調査を二〇〇〇（平成一二）年から新たに開始した。これはリテラシーという概念で、読解力、数学的リテラシー、科学的リテラシーを調査している。ＴＩＭＳＳが知識及び技能の基礎・基本を試すのに対して、ＰＩＳＡは問題を解決するための解釈や判断を問うものであり、**ＰＩＳＡ型学力**と呼ばれる。このＰＩＳＡ型学力こそが、思考力・判断力・表現力等の強調や、問題解決的なアクティブ・ラーニングが現在強調される前提となるのである。

これを受けて、早くも二〇〇三（平成一五）年五月に、国際学力調査の動向を踏まえての文部科学大臣から中央教育審議会への諮問が行われた。一〇年周期で見直されていた学習指導要領について、実施の翌年に見直しが提起されたことは異例であった。そして中央教育審議会は早くも同年一〇月七日には答申「初等中等教育における当面の教育課程及び指導の充実・改善方策について」を提出したのである。ここでは**確かな学力**という概念を強調した。確かな学力と、豊かな人間性と、たくましく生きるための健康や体力からなる「生きる力」は、一九九六(平成八)年の答申以来の一貫した考え方としたうえで、確かな学力は、基礎・基本となる**知識及び技能**に留まらず、個に応じた指導も重要であり、**思考力・判断力・表現力等**の応用的能力に及ぶものであるとした。ここで強調されなかった言葉は「ゆとり」である。批判の的となったゆとり教育を実質上見直すことが教育政策上の課題となった。

かくして、二〇〇三(平成一五)年一二月に、小中高ともに学習指導要領の一部改正が行われた。小中学校では実施二年目、高等学校では実施一年目の改正であった。これは全部改正ではなく一部改正であり、学校教育法施行規則に定める授業時間数なども変更されなかった。しかし答申が学習指導要領の**基準性**という表現を使って、学習指導要領を最低基準として、基準を超える内容も指導できることを明示したので、各学校が学習指導要領を超えた内容を指導して、**個に応じた指導**として児童・生徒に補充授業や発展的な課題などの授業を行うことも可能になった。また批判の強かった「総合的な学習の時間」については一部改正で大幅に本文を書き換えて、指導の計画性などを強調して立て直しを図ろうとしたのである。

ここまでの、中央教育審議会や学習指導要領に盛り込まれてきた学力論は、戦後教育改革の成果である教育基本法が全部改正されるときに、法律の本文に明記されるものとなった。明治以来の日本の近代学校は学校教育の目的などは法令に明記してきたが、児童・生徒の学習成果の測定となる評価などは教育の現場に委ねられるものである。その前提となる学力論の基本が、法律に明示されることになったのが、二〇〇六(平成一八)年の教育基本法の全部改正による大きな変化である。

教育基本法（平成十八年十二月二十二日法律第百二十号）

（学校教育）

第六条

2　前項の学校においては、教育の目標が達成されるよう、教育を受ける者の心身の発達に応じて、体系的な教育が組織的に行われなければならない。この場合において、教育を受ける者が、学校生活を営む上で必要な規律を重んずるとともに、自ら進んで学習に取り組む意欲を高めることを重視して行われなければならない。

現場にわかりやすい学習指導要領と、法律用語の適正さを内閣法制局等がチェックしてから国会で審議する法律では、言葉の使い方が異なる。教育基本法第六条第二項に、「学校生活を営む上で必要な規律を重んずる」ことと、「自ら進んで学習に取り組む意欲を高めること」とあるのは、一九八九（平成元）年の学習指導要領における新しい学力観を踏まえていることは明白である。関心・意欲・態度という文言そのままではないが、教育の最高法規である教育基本法に足場のある学力観として規定されているのである。

これを受けて、教育基本法とセットで誕生した学校教育法も、二〇〇七（平成一九）年に一部改正されて学力論が明記された。

学校教育法（昭和二十二年三月三十一日法律第二十六号・平成十九年六月二十七日法律第九十六号により一部改正）

第三十条

2　前項の場合においては、生涯にわたり学習する基盤が培われるよう、基礎的な知識及び技能を習得させるとともに、これらを活用して課題を解決するために必要な思考力、判断力、表現力その他の能力をはぐくみ、主体的に学習に取り組む態度を養うことに、特に意を用いなければならない。

この学校教育法第三十条第二項は、ここまで見てきた臨時教育審議会以後の学力論をコンパクトにまとめていることがわかる。三つに分けると、「基礎的な知識及び技能」とは基礎・基本となる**知識及び技能**のことであるし、「これらを活用して課題を解決するために必要な思考力、判断力、表現力その他の能力」とは、**思考力・判断力・表現力等**という基礎・基本を応用するＰＩＳＡ型学力であり、「主体的に学習に取り組む態度」は新しい学力観で強調された**関心・意欲・態度**である。この条項にある三つは、現在の学校教育の基本となっており、**学力の三要素**と呼ばれた。

こうした教育基本法全部改正と学校教育法一部改正を受けて、一〇年周期の学習指導要領の全面的な改正は、二〇〇八（平成二〇）年一月の中央教育審議会答申「幼稚園、小学校、中学校、高等学校及び特別支援学校の学習指導要領等の改善について」により提起された。この答申は、一九九六（平成八）年の中央教育審議会答申で出された生きる力や基礎・基本の概念を継承し、さらに二〇〇三（平成一五）年の答申が強調した確かな学力と学習指導要領の基準性という考えを受け継ぎ、全部改正にふさわしく「ゆとり」を時間数の上でも見直す教育課程の改変を提起した。二〇〇八（平成二〇）年には学校教育法施行規則の一部改正（平成二十年三月二十八日文部科学省令第五号）

が行われた。例えば、中学校で三年間の総時間数が二九四〇時から三〇四五時に増加して、選択科目をなくして総合的な学習の時間を減少させることで、国語、社会、数学、理科、外国語などの時間数を増加させた。学習指導要領の基準性を明確にするために、「はどめ規定」と呼ばれたこれ以上の事項は「扱わないものとする」という文言が原則として削除された。

言語活動と美術教育

こうして二〇〇八（平成二〇）年には小中学校、翌年には高等学校の学習指導要領が告示された。この学習指導要領の注目するべき文言に、**言語活動**という言葉がある。ＰＩＳＡ型学力で理由や根拠を明確にする自由記述の解答が問われるが、こうしたリテラシー能力を育てる活動と考えるとわかりやすい。これは、国語教育の課題がたしかに大きいが、あらゆる教科や教科外活動も言語を育む場であり、非言語的表現を特色とする図画工作科や美術科もまた、言語活動が強調された。まず、このことが端的に表れた小学校高学年と中学校の、「鑑賞」の規定を見てみよう。

小学校学習指導要領（平成二十年三月二十八日文部科学省告示第二十七号）
第2章　第7節　図画工作
第5学年及び第6学年
B　鑑賞
（1）親しみのある作品などを鑑賞する活動を通して、次の事項を指導する。

イ　感じたことや思ったことを話したり、友人と話し合ったりするなどして、表し方の変化、表現の意図や特徴などをとらえること。

中学校学習指導要領（平成二十年三月二十八日文部科学省告示第二十八号）
第2章　第6節　美術
第2学年及び第3学年
B　鑑賞
（1）美術作品などのよさや美しさを感じ取り味わう活動を通して、鑑賞に関する次の事項を指導する。
ア　造形的なよさや美しさ、作者の心情や意図と創造的な表現の工夫、目的や機能との調和のとれた洗練された美しさなどを感じ取り見方を深め、作品などに対する自分の価値意識をもって批評し合うなどして、美意識を高め幅広く味わうこと。

非言語的表現が中心となる美術作品でも、その**鑑賞**で、子どもたちがそれを見て感じたことは言葉にして伝える。だから、小学校高学年は「感じたことや思ったことを話したり、友人と話し合ったりする」、中学校は「作品などに対する自分の価値意識をもって批評し合う」という形で、言語活動が新たにこのときに規定された。もちろん、図工や美術は鑑賞と表現という二つの分野を含み、昔から鑑賞は言葉に出して教師が説明して、言葉に出して子どもたちが感想を言っていたのであるが、これを言語活動として位置づけた点に、大きな変化があるのである。この流れから、**対話型鑑賞**と呼ばれる子どもたちが自由に感想を言って話しあう手法が多く用いられ、会議型のワークショップの手法が教育現場に大きな影響を与えた。また子どもたちが作品制作をする**表現**においても、事前に構想を述べたり、完成した作品について感想を語りあったりする活動が進展した。例えば絵画作品に一言のタイトルをつける課題から、タイトルに次いで「私が描いた風景は」と説明を文章で記す手法などが進展した。

二〇〇九（平成二一）年四月から現職教員の免許状更新講習が開始された。私も毎年二〇〇名近い小中高等学校や特別支援学校の教員の講習を担当しているが、当初は言語活動やワークショップを美術教育の対極にあるものとして、拒否感に近い教師の感情をみることがあった。しかし、非言語と言語の往還が美術の世界では当たり前であることが定着して、鑑賞教育でも表現教育でも、どう言語活動を活かしながら美術教育独自の課題に向かうかを教師が悩んで取り組む時代へと一〇年足らずの間に変化している。

資質・能力の三つの柱

かくして、一〇年周期の学習指導要領の全面的な改正の時期が訪れて、中央教育審議会は二〇一六（平成二八）年一二月に、「幼稚園、小学校、中学校、高等学校及び特別支援学校の学習指導要領等の改善及び必要な方策等について」を答申した。

この答申により小中学校の学習指導要領が二〇一七（平成二九）年に告示され、高等学校も二〇一八（平成三〇）年に告示された。

この特徴は、「予測困難な時代」という前提を見据えて、学校教育のあり方を問い、社会に開かれた教育課程を強調して、学校によるカリキュラム・マネジメントを課題として位置づけたことである。答申は、生きる力というキーワードを前提として、第一に「何を理解しているか、何ができるか」という生きて働く知識及び技能の習

図表1　教育改革で論じられた学力論

	基礎・基本 知識及び技能の習得	応用・活用 思考力・判断力・表現力等	関心・意欲・態度
国際学力調査	TIMSS（IEA）	PISA（OECD）	
全国学力・学習状況調査	A 問題	B 問題	
学校教育法 第30条第2項 （学力の三要素）	基礎的な知識及び技能を習得させる	これらを活用して課題を解決するために必要な思考力、判断力、表現力その他の能力をはぐくみ	主体的に学習に取り組む態度を養う
資質・能力の三つの柱	①知識及び技能	②思考力、判断力、表現力等	③学びに向かう力、人間性等

得、第二に「理解していること・できることをどう使うか」という未知の状況にも対応できる思考力・判断力・表現力等の育成、第三に「どのように社会・世界と関わり、よりよい人生を送るか」という学びを人生や社会に生かそうとする「学びに向かう力・人間性等」の涵養を論じている。これは学校教育法第三十条第二項に示された学力の三要素を整理して、新たに**資質・能力の三つの柱**と呼んで、①**知識及び技能**、②**思考力・判断力・表現力等**、③**学びに向かう力・人間性等**に整理したのである。ここまでの用語を整理すると図表1のようになる。

ここで思考力・判断力・表現力等にある「等」は何かを述べておきたい。まず思考力・判断力・表現力等に並んで、あげられる能力に、**問題発見能力**と**問題解決能力**がある。とくに深い学びが強調される**総合的な学習の時間**（高等学校では二〇二二年度から**総合的な探究の時間**と呼ぶ）や各教科の応用的なプロセスのなかでは、児童・生徒が主体的に問題を見つけ出したり、さらに持っている知識及び技能を活用して「調べ学習」や体験学習を通じて深く問題を理解して解決策を提案したりすることがめざされている。つまり「難しい文章の応用問題が解けました。」という応用問題ではなく、「現実の生活から難しい問題を発見して、私たちのクラスの解決案を発表します。」という問題発見能力や問題解決能力を身につけるのである。予測不可能な変化をする将来の社会における生きる力の涵養が期待できる。

こうした資質・能力の三つの柱を育む方法として、**アクティブ・ラーニング**を「**主体的・対話的で深い学び**」と定義した。アクティブ・ラーニングは、アメリカの高等教育改革の手法として語られてまず日本の大学教育論で定着した。学生たちの主体性を伸ばして学習に取り組むために、教師や学生相互の対話を重視して大教室の講義を見直すことが大きな役割だった。これを初等中等教育に導入したことが、この答申の特徴である。当初は「主体的・協働的な学習」と論じられていたが、「**主体的な学び**」と「**対話的な学び**」に、「**深い学び**」を加えて、「主体的・対話的で深い学び」という表現で学習指導要領に明記されることとなった。会議や対話を促進するワークショップ手法が論じられるなか、単に子どもたちの活動が活性化するだけではなく、子どもたちの能力に注目して課題把握や問題解決に向けての「深い学び」が強調されたと言える。

この中央教育審議会答申で掲載された説明図がわかりやすく、広く教員の研修等で普及した。図表2と図表3のとおりなので、見ておいてほしい。

ここまでの説明で、アクティブ・ラーニングは、以前の言語活動がさらに推し進められたものだとも言える。この前提には、二〇一七（平成二九）年の学習指導要領全部改正に先だって、特別の教科である道徳を導入する学習指導要領の一部改正が行われ、「考え、議論する道徳」というキーワードが強調されたこともある。

美術教育とアクティブ・ラーニング

さて、資質・能力の三つの柱は、学校教育全体を通じてのものであるから、各教科の目標もこの三つの柱を通じて整理され、同時にその教科独自の**見方・考え方**という特徴によって整理される。この新しい学習指導要領で美術

図表２　資質・能力の三つの柱の概念図
中央教育審議会答申「幼稚園、小学校、中学校、高等学校及び特別支援学校の学習指導要領等の改善及び必要な方策等について」2016年12月21日より。

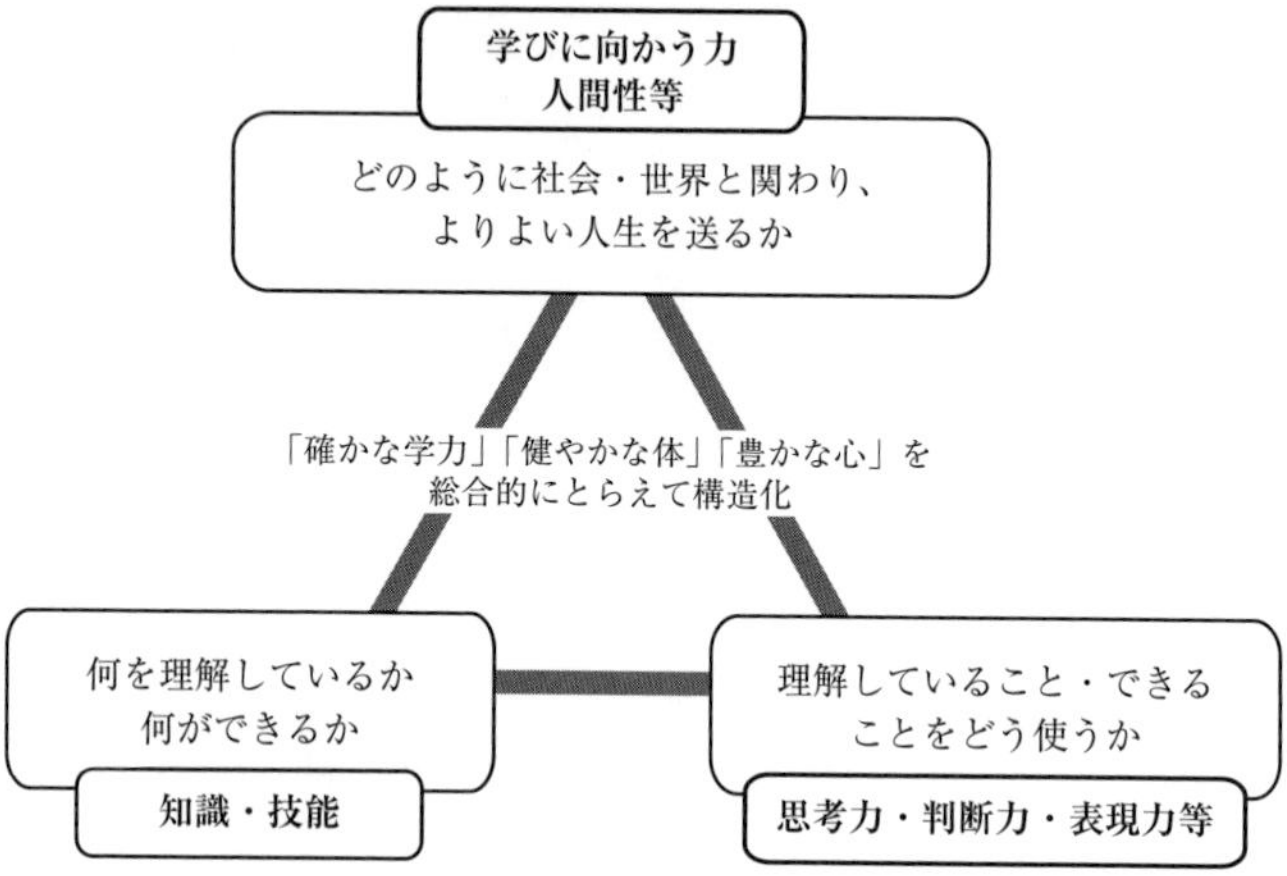

図表３　アクティブ・ラーニングの概念図
中央教育審議会答申「幼稚園、小学校、中学校、高等学校及び特別支援学校の学習指導要領等の改善及び必要な方策等について」2016年12月21日より。

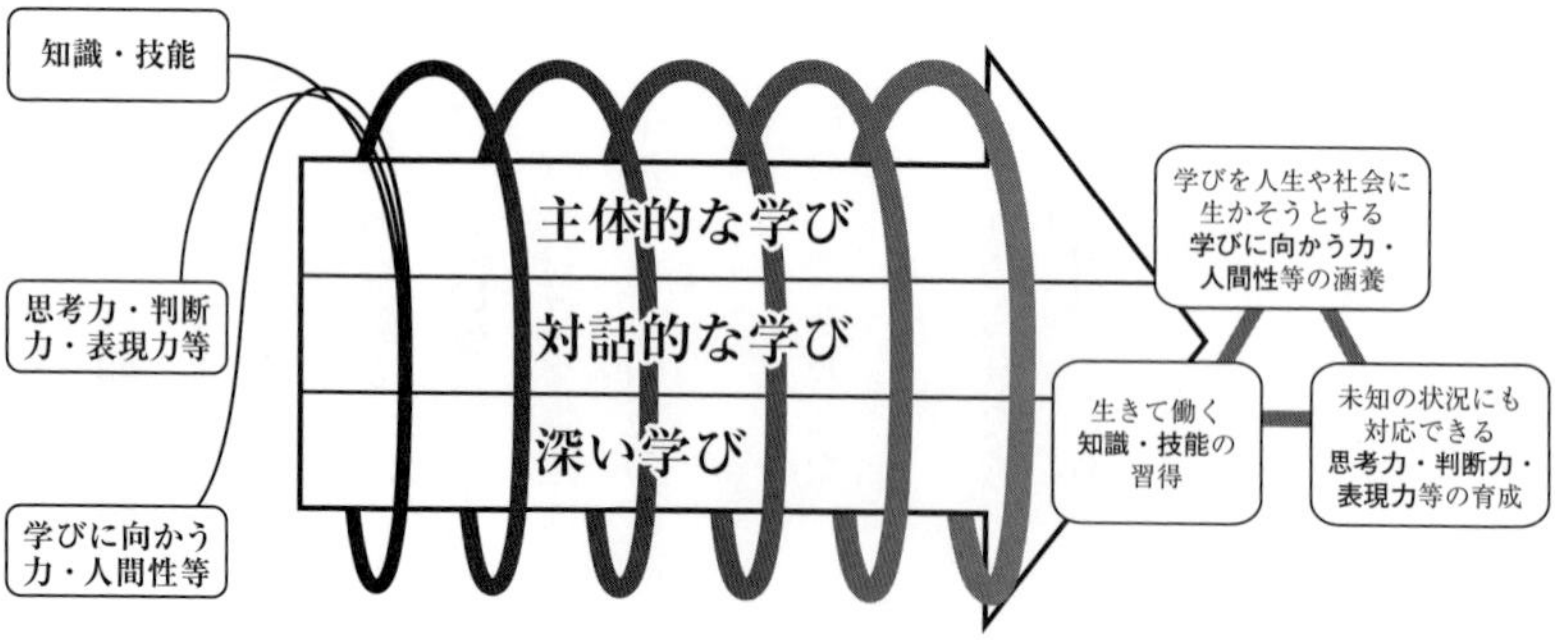

教育の目標を、小学校、中学校、高等学校に即して見てみよう。

小学校学習指導要領（平成二十九年三月三十一日文部科学省告示第六十三号）

第2章　第7節　図画工作

第1　目標

表現及び鑑賞の活動を通して、造形的な見方・考え方を働かせ、生活や社会の中の形や色などと豊かに関わる資質・能力を次のとおり育成することを目指す。

(1) 対象や事象を捉える造形的な視点について自分の感覚や行為を通して理解するとともに、材料や用具を使い、表し方などを工夫して、創造的につくったり表したりすることができるようにする。

(2) 造形的なよさや美しさ、表したいこと、表し方などについて考え、創造的に発想や構想をしたり、作品などに対する自分の見方や感じ方を深めたりすることができるようにする。

(3) つくりだす喜びを味わうとともに、感性を育み、楽しく豊かな生活を創造しようとする態度を養い、豊かな情操を培う。

中学校学習指導要領（平成二十九年三月三十一日文部科学省告示第六十四号）

第2章　第6節　美術

第1　目標

表現及び鑑賞の幅広い活動を通して、造形的な見方・考え方を働かせ、生活や社会の中の美術や美術文化と豊かに関わる資質・能力を次のとおり育成することを目指す。
（1）対象や事象を捉える造形的な視点について理解するとともに、表現方法を創意工夫し、創造的に表すことができるようにする。
（2）造形的なよさや美しさ、表現の意図と工夫、美術の働きなどについて考え、主題を生み出し豊かに発想し構想を練ったり、美術や美術文化に対する見方や感じ方を深めたりすることができるようにする。
（3）美術の創造活動の喜びを味わい、美術を愛好する心情を育み、感性を豊かにし、心豊かな生活を創造していく態度を養い、豊かな情操を培う。

高等学校学習指導要領（平成三十年三月三十日文部科学省告示第六十八号）

第2章　第7節　芸術

第1款　目標

芸術の幅広い活動を通して、各科目における見方・考え方を働かせ、生活や社会の中の芸術や芸術文化と豊かに関わる資質・能力を次のとおり育成することを目指す。
（1）芸術に関する各科目の特質について理解するとともに、意図に基づいて表現するための技能を身に付けるようにする。
（2）創造的な表現を工夫したり、芸術のよさや美しさを深く味わったりすることができるようにする。
（3）生涯にわたり芸術を愛好する心情を育むとともに、感性を高め、心豊かな生活や社会を創造していく態度を養い、豊かな情操を培う。

資質・能力の三つの柱と教科の見方・考え方から、それぞれ三つに区分された目標を定めた箇所である。高等学校の芸術は、音楽・美術・工芸・書道によって構成されるので、引用の箇所は各科目共通の箇所である。つづいて、従来からの言語活動や新しいアクティブ・ラーニングに関連する箇所をみてみよう。

小学校学習指導要領（平成二十九年三月三十一日文部科学省告示第六十三号）

第2章　第7節　図画工作

第3　指導計画の作成と内容の取扱い

1　指導計画の作成に当たっては、次の事項に配慮するものとする。

（1）題材など内容や時間のまとまりを見通して、その中で育む資質・能力の育成に向けて、児童の主体的・対話的で深い学びの実現を図るようにすること。その際、造形的な見方・考え方を働かせ、表現及び鑑賞に関する資質・能力を相互に関連させた学習の充実を図ること。

2　第2の内容の取扱いについては、次の事項に配慮するものとする。

（9）各学年の「A表現」及び「B鑑賞」の指導に当たっては、思考力、判断力、表現力等を育成する観点から、〔共通事項〕に示す事項を視点として、感じたことや思ったこと、考えたことなどを、話したり聞いたり話し合ったりする、言葉で整理するなどの言語活動を充実すること。

中学校学習指導要領（平成二十九年三月三十一日文部科学省告示第六十四号）

第2章　第6節　美術

第2　各学年の目標及び内容

第2学年及び第3学年

3　内容の取扱い

（2）「A表現」及び「B鑑賞」の指導に当たっては、発想や構想に関する資質・能力や鑑賞に関する資質・能力を育成する観点から、〔共通事項〕に示す事項を視点に、アイデアスケッチで構想を練ったり、言葉で考えを整理したりすることや、作品などに対する自分の価値意識をもって批評し合うなどして対象の見方や感じ方を深めるなどの言語活動を充実すること。

第3　指導計画の作成と内容の取扱い

1　指導計画の作成に当たっては、次の事項に配慮するものとする。

（1）題材など内容や時間のまとまりを見通して、その中で育む資質・能力の育成に向けて、生徒の主体的・対話的で深い学びの実現を図るようにすること。その際、造形的な見方・考え方を働かせ、表現及び鑑賞に関する資質・能力を相互に関連させた学習の充実を図ること。

高等学校学習指導要領（平成三十年三月三十日文部科学省告示第六十八号）

第2章　第7節　芸術

第3款　各科目にわたる指導計画の作成と内容の取扱い

1　指導計画の作成に当たっては、次の事項に配慮するものとする。

（１）題材など内容や時間のまとまりを見通して、その中で育む資質・能力の育成に向けて、生徒の主体的・対話的で深い学びの実現を図るようにすること。その際、各科目における見方・考え方を働かせ、各科目の特質に応じた学習の充実を図ること。

長い引用になったが、新しい学習指導要領の特徴は、小中学校の言語活動が鑑賞と表現の両方にわたることが明示されたことと、アクティブ・ラーニングつまり主体的・対話的で深い学びが全体を通じて明示されたことである。こうして、美術教育全体を通じて話しあったり、意見を言いあったりする言語的なコミュニケーションが位置づけられ、さらに知識及び技能に留まらない表現が相対的に位置づいたことになる。

美術教育は、資質・能力の三つの柱を育み、教師はこうした観点から児童・生徒の教育の成果を評価する立場にある。児童・生徒の教育活動は、主体的であり、対話的であるのだから、必ずしも教師自身が予測して計画したとおりのものとはならない。ひっくり返せば、計画どおりではないことを織り込んで、大いに深い学びへと進めていくべきなのである。

手法としてのワークショップによる授業改革

こうして**手法としてのワークショップ**が、新しい学習指導要領によって大きな位置づけを獲得するわけである。参加者主体の自由な教育の場から発生した「ワークショップとしか言えないワークショップ」は、教育者による目標設定や評価を不可欠とする学校教育とは、本来的に異なるものである。しかし、この手法を用いることにより、主体的な学びや、対話的な学びが促進されるならば、大いに学校における美術教育は促進される。

考えてみると、別に新しい話ではない。以前から導入段階で「はい、感じたことを誰か話してもらえるかな」とか、「正解はないから、自由に述べてください」と教師は発問を続けてきた。こうしたプロセスをいっそう活性化していくわけである。このように考えていくと、あと数分の工夫、あと一つの入れ替えで、新しい美術教育の改善が生まれてくるだろう。

ここで概念を整理しておきたい。主体的・対話的で深い学びとしてのアクティブ・ラーニングは、学校教育の様々な場で活用される。もちろん、学校教育すべてがアクティブ・ラーニングではない。昔ながらの九九の暗記や漢字の書き取りはあってよい。彫刻刀を使う前には基礎技法の説明と注意喚起がないと大変なことになる。しかし、この次の応用的な段階へと進むためにも、アクティブ・ラーニングが「主体的な学び」と「対話的な学び」と「深い学び」として出てくるわけである。そしてアクティブ・ラーニングのプロセスと、そうではない沈思黙考や鍛錬のような学びのプロセスは、共存できるのである。言語活動は、知識及び技能としての識字というリテラシーから、問題解決のための高度な論理表現を含むリテラシーまですべてを含んでいる。言語活動も学校教育すべてで行われるが、学校教育のすべてが言語活動ではない。その典型例が非言語的表現を扱う美術や音楽などの芸術教育だが、言語と非言語は共存する。だから、鑑賞にも表現にも言語活動を活用できる。最後にワークショップ、とりわけ造形ワークショップは、学校教育とは異なる背景を持って登場してきた。しかしその手法を学校教育の一部に取り入れることで、アクティブ・ラーニングの広がりや、言語活動の活性化が可能となる。では、何のために活用し、活性化するかというと、学校教育は本来は学習者のためのものであり、現在の学習指導要領に即して言えば児童・生徒の資質・能力の三つの柱を育むために必要だからである。型にはまって本来の目的が失われがちな近代学校を捉え直していくためにも、こうした出発点を確認しておきたい。

Q＆A：授業で寄せられた質問から

――学校教育と異なる「ワークショップとしか言えないワークショップ」を、学校の美術教育に導入するということに矛盾があるように思います。あえて言えば、二つは異なる教育プロセスとして、美術教育を支えるほうが効果的ではないのでしょうか。（免許状更新講習で経験豊富な現役教員から）

実はこの質問を、免許状更新講習で毎年、もらっています。私の説明は、目的や目標が定まり教師が児童・生徒を評価する立場にある学校教育であっても、**手法としてのワークショップ**を導入することでアクティブ・ラーニングとして学校教育本来の教育が促進できるというものです。本章で述べたように近代学校は効率的な知識と技能を一斉教授法で伝えることが歴史的な使命ですが、それが各時代で問い直されており、現在もまた問い直しの時期になっています。学校教育にあえて、答えのない話しあいや、教師の想定を超えた表現がある「ワークショップとしか言えないワークショップ」の手法を導入することで、子どもたちの意欲や関心を高め、これが学校教育で育む資質・能力の三つの柱に直結すると考えます。ご質問は、おそらくそのことも理解した上で、「異なる教育プロセス」として、陶冶としての学校の美術教育と、教化としての美術館等の美術教育の豊かな発展を見通しているのだと理解しました。私も本質的機能が異なる学校教育と社会教育がそれぞれ独自発展することが大切だと考えますが、この独自の発展は同時に学校教育と社会教育の連携が含まれています。これからの学校の美術教育の課題として地域住民や保護者との連携、美術館など専門機関との連携を考えると、学校外部の専門機関や協力者の協力を得て、手法としてのワークショップを導入することで、社会に開かれた教育課程や世界の現実の変化を見据えた教育が可能になるでしょう。

――中学校で長い間、美術教育指導している立場から見ると、手法としてのワークショップを導入する効果は理解できるのですが、そもそも美術の時間数が少なく、将来に向けて削減が議論される現状ではどう考えますか。(免許状更新講習を受講した美術教員から)

美術教育の制度上の時間数削減や美術教員の減少などはこの数十年間の大きな問題です。新しい学習指導要領で図工・美術の時間数が削減されなかったことに胸をなで下ろした美術関係者は多いでしょう。しかし、学習指導要領は約一〇年に一度の改正ですから、いまから次の改正をにらんで戦々恐々としている関係者は多くいます。私は、それだからこそ、美術教育指導者が従来の枠組みに固執せずに、学校教育全体の課題に取り組んで、子どもたちの**資質・能力の三つの柱**を培うための最前線の教科なのだと発信してほしいのです。美術は生きていくための道具活用や理解の基礎・基本を伝え、現代社会の最前線でメディアを受容して発信するための思考力・判断力・表現力等を培い、さらに心を豊かにして人生に潤いを与えるものだという理解が大切です。美術教育では言語活動やアクティブ・ラーニングが大胆に活用可能で、子どもたちの他教科の教育にも波及効果を与えるということを実践的に進めてほしいと思っています。少ない美術の時間設計の問題として、例えば導入に言語活動としての印象を述べあう時間を置いたり、まとめに完成した作品を相互に意見交換する時間を加えると、実質的な表現活動に使う時間は減ってしまうことは冷酷な事実です。しかし、制作時間は本当にこの長さがよいのか、あえて完成度が低くても子どもたちの能力を高める実質が得られないのかと再考することも大切です。言いにくいことですが、私自身が様々な学校の視察をすると、中学校で技術主義的な石膏デッサンを長時間行ったり、高等学校で受験指導的な技法指導に時間をかけるという実例をいまだに目にします。もちろんデッサン力も生きる力として大切ですが、すべての人に必要な能力は何かを再考することも必要でしょう。指導内容と指導方法を見直して、現実の子どもたちの生活と未来を見据えたうえで、資質・能力の三つの柱を意識した美術教育の実践を期待しています。

練習問題：深い学びのために

①「ワークショップとしか言えないワークショップ」は、**知識及び技能**の習得を、参加の前提にも参加の目的にもしないものです。それでは、参加者の知識や技能には、どんな影響を与えますか。「誰でもできる羊毛をこねるフェルト作りというワークショップは」「手先の不自由な高齢者でも可能となる、代わりに線を描くお絵描きというワークショップは」など、経験や実例をもとに考えてください。

②**アクティブ・ラーニング**を「主体的な学び」と「対話的な学び」と「深い学び」と三つに区分したとき、実際に自分が経験した印象深い授業について、この三つの学びがどう含まれていたか分析してください。美術以外の授業でも結構ですし、教師ならば自分自身の得意な授業を分析しても結構です。

参考手法：経験が見えるワークショップ

現在に至る学校教育の改革や、以前もあったアクティブ・ラーニングを実感するために、自分の記憶をたどったり、話しあったりしてみましょう。このとき、次のようなシートがあると便利です（図表4）。数人で話しあうときは、Ａ３サイズの大きな紙で作業してみましょう。年齢・個人情報が気になるときは、「入学年」や学校名を言わなくても、顔を見あわせた話しあいが成立するはずです。この手法は、様々な年代や地域を超えた経験談の相互共有で活用できます。歴史年代またはライフステージごとに整理してみることが、対話を促進するコツと言えます。

図表4　お互いの学校体験を比較するためのシートの事例

学校種／なまえ	教育改革の動きを、自分の学校体験と照らし合わせて述べてください。		
	小学校	中学校	高等学校
○○○○さん	1970（昭和45）年入学 公立で昔から同じという印象。独自教材の人権教育も盛んだったが、自分の意見といっても作文だけだった。	1976（昭和51）年入学 学区制の公立で変化があった記憶がない。学校の「荒れ」が言われたのは直後だ。美術部の顧問は放任的だったが、感謝している。	1979（昭和54）年入学 学校の勉強では入試は不十分という時代だった。自由さや部活動が盛んなのは、戦前からの伝統だとか高校紛争の名残だとか、聞かされた。
□□□□さん	2001（平成13）年入学 たしか2年生から土曜日が休みになった。関心・意欲・態度で評価があるのは、学習塾で聞かされていた。	2007（平成19）年入学 公立の中等教育学校は教え方がユニークだった。授業の自由さや生徒活動を誇りに思う。新しい制度だということは知っていた。	2010（平成22）年入学 自分たちを「ゆとり世代」と呼ぶんだと聞かされてショックを受けた。大学進学には現役生向け予備校が必要だった。
△△△△さん	2005（平成17）年入学 「総合」はとても面白かった。「生活」は実は記憶が薄いので、今思い出した。	2011（平成23）年入学 音楽でも美術でも必ずワークシートに感想を書いた。しかし「言語活動」という言葉は記憶にない。	2014（平成26）年入学 アクティブ・ラーニングという言葉を先生から聞いていた。「総合」の時間が私の学年から地域をテーマにしたディベート大会になった。

参考資料：さらに読み解くために

まず、この章に関連する武蔵野美術大学のテキスト類を紹介します。教育の歴史や教育制度の変化については、高橋陽一『新しい教育通義』（武蔵野美術大学出版局、二〇一八年）に詳しく解説しました。とくに道徳教育の歩みや目的については高橋陽一・伊東毅『道徳科教育講義』（同、二〇一七年）を参考にしてください。特別支援教育とアートの関係は『特別支援教育とアート』（同、二〇一八年）で、インクルーシブ社会における特別支援学校・特別支援学級・通級指導・通常学級などでの多様な造形ワークショップのあり方を論じました。またアクティブ・ラーニングの最先端と言える「総合的な学習の時間」については高橋陽一編『総合学習とアート』（同、二〇一九年）があります。これら四つのテキストは新学習指導要領を踏まえた内容となっています。また、旧学習指導要領対応ですが、美術教育の歴史資料も含めた大坪圭輔著『美術教育資料研究』（同、二〇一四年）、具体的な教材論がわかる三澤一実監修『美術教育の題材開発』（同、二〇一四年）、教育現場の変化を見据えた大坪圭輔・三澤一実編『美術教育の動向』（同、二〇〇九年）があります。高等学校工芸教育では、唯一の大学教科書と言える大坪圭輔『工芸の教育』（同、二〇一七年）をお勧めします。

文部科学省による新しい学習指導要領については、小学校・中学校・高等学校・特別支援学校ともに、文部科学省著作『学習指導要領解説』が総則編、図画工作科編など分野ごとに刊行されています。これらは文部科学省ウェブページで全文がダウンロード可能ですが、印刷物も書店で安価に入手できます。

第4章
企画力――問題発見能力と問題解決能力

キーワード

造形ファシリテーション能力　企画力　企画書　アイデア
構想力　問題発見能力　問題解決能力　説明責任

要　約

造形ワークショップを支えるファシリテータには、造形ファシリテーション能力のひとつである企画力が必要である。参加者や協力者に説明するための企画書づくりは、不可欠の作業である。まず第一段階企画書はアイデアを練り上げる構想力が必要である。現在の学校で強調される問題発見能力や問題解決能力は、この企画力に不可欠のものである。第二段階企画書は、協力者などに示すもので、経費や安全性などを説明する責任がある。最後の第三段階企画書は、ポスターやチラシの形態で参加者に伝えるものである。ここでは、個人情報への配慮も必要である。

第1章で、造形ワークショップを支えるファシリテータに必要な能力、つまり**造形ファシリテーション能力**として、企画力、組織力、記録力の三つをあげた。ここでは、企画力のあり方について、ワークショップを支えるために必要なことを考えてみたい。

第一節　企画力の立脚点

参加者とファシリテータの関係

造形ワークショップの主人公は参加者である。造形ワークショップを企画するために必要なファシリテータの能力つまり**企画力**は、この原点に立脚して発揮される。ファシリテータの企画力は、造形についての知識や経験のなかで培われたものが基本となる。自分自身の美術やデザインの作品をつくるためには、言葉にできることもできないこともある。原初的な**アイデア**や、それを言語による論理や表現として立体・平面で組み立てていく**構想力**が必要である。こうしたアイデアやモチーフを思いついて、デッサンや下絵を組み立てていく構想力は、美術教育の場でもアートやデザインの現場でも試される。企画力はこれと同じ能力であるが、ファシリテータとしては、自己の表現のためではなく、あくまでも造形ワークショップ参加者のために発揮されるものである。この企画の努力が結実するのが「企画書」である。この企画書は主人公たる参加者が意識され、かつその同意を得るものとならなくては、成立しない。

例えば、作品制作の主人公は作家である。だから作品をつくる目的は作家が決めるのが当然である。もちろん、実際にはその制作を依頼した者がいたり、その作品の展示や流通を行う者がいたり、さらに鑑賞する者がいる。しかし、そんなプロセスに参加する人たちもすべてその作家が自らの目的で作品を制作したことは疑っていない。ところが、日頃は作品制作の主人公となっている作家が造形ワークショップのファシリテータに臨むならば、その瞬間に主人公が交代するのである。

こうした主人公の交代劇が、この一〇〇年余りで世界的な規模で行われた分野がある。学校教育の世界では、古代から二〇世紀初頭まで、教師として教える側が学校教育の主人公だった。今も昔も教室という劇場の主人公のように教壇で教師は振る舞うだろうが、現在では教師の誰もが「主人公は子どもたちである」と言うだろう。それが世界的な常識である。二〇世紀初頭の世界的な新教育運動、日本では**大正自由教育**と呼ばれた教育改革のなかで、「児童中心」の意識が理念的にも方法論的にも大いに議論されて、教師ではなく生徒が主人公となる考えが定着していった。明治以後の日本では、天皇の権威を背景にした教師という存在のために児童中心の意識が公式に定着するには年月がかかったが、それでも戦後の日本国憲法による国民主権と教育基本法による個人の尊厳にねざした教育の確立によって、この交代劇が常識となった。

第1章で見た、**海後宗臣**の「**陶冶**」の図式を再確認してほしい（三〇頁）。ワークショップの立場からは「陶冶」は旧態依然に見えるが、この図式も海後がリードした**戦後教育改革**の時代には新鮮だった。教師と生徒の関係は、教材を介して双方向の矢印で示されている。大学での彼の指導教官であった吉田熊次は、教師が「故意」「具案的」に行うものを学校教育とみた。つねに教師が意図を持って、教師が具案つまりプランニングをして行う一方向のものとして、学校教育に意義を見出した。だからあの図は、実は海後宗臣による吉田熊次批判の図である。いや、そうした個人的な関係だけではなく、戦前の教育理念の批判に立脚した戦後教育改革によって、学校教育の主人公は主権者たる国民となる子どもたちであり、子どもたちのための学校教育でならなくてはいけないという図なのである。学校教育の陶冶でもすでに七〇年近く前には主人公の交代劇があったのだから、「**教化**」とりわけ「**反教化的教化**」を考えるならば、この交代劇を前提に造形ワークショップを考えたい。

そして今日、学校教育は改めてこの原則に立ち返った改革が進められている。二〇一七（平成二九）年と翌年に告示された学習指導要領は、**アクティブ・ラーニング**として**主体的・対話的で深い学び**を学校教育に取り入れることを規定した。小学校でも、中学校でも、高等学校でも、特別支援学校でも、子どもたちが自ら主体的に学び、子どもたちが相互に話しあい、その学びを生きる力として深める学びが課題とされているのである。こうして学校の美術教育でも、造形ワークショップの展開が本格的に始まったのである。

このアクティブ・ラーニングで強調されているものとして、子どもたち自身が主体的に課題や問題点を見つける**問題発見能力**や、発見した問題を自ら考えて対話したり調査したりして方策を見つける**問題解決能力**がある。こうした能力は、小学校から高等学校の各教科を通して強調されているものであるが、とくに**総合的な学習の時間**（高等学校では二〇二三年度から**総合的な探究の時間**）の学習指導要領でも強調されている。この総合学習のなかでも、子どもたちが関心を持つための導入、話しあいの技法、さらには発表の方法としてワークショップが広がっている。ここで強調される問題発見能力や問題解決能力は学校教育で培う生きる力であるが、その子どもたちを育てる教師も、そしてファシリテータにも必要な能力である。

造形の専門性

企画力の根底にあるのは何だろうか。本書全体を通じての前提であるが、私は造形ワークショップのためのファシリテーション能力の前提に、ファシリテータの造形に関する専門性を措定している。つまり、自ら造形したり、造形について考えたりしてきた蓄積があって初めて、造形ワークショップのための企画力が存在するのである。誤解のないように言っておくが、造形の専門能力は多様であり、狭義の作家・デザイナーや美大生だけではなく、小学校教員や幼稚園教諭も養成段階から造形のトレーニングを受ける。理工系の技術者や、企業広報担当者も、こうしたトレーニングと実務経験を持っている。私自身のことで恐縮だが、植木屋に生まれたので子どもの頃から生け花や剪定《せんてい》を学び、大学は生命科学系に進学したので顕微鏡によるデッサンをかなり教えられた。造形とは、ものづくりなので、それを職業にしている専門家は実は広範囲にいるのだ。

造形ワークショップの実際の企画で、完全にワークショップのためだけの手法というものにはお目にかかったことがない。作家やデザイナーが普通に使っている材料や手法でも、学校教育や社会教育の分野で普及改良された材料や手法でも、造形ワークショップの現場で活用することができる。

ファシリテータは造形の専門家でなくてはならない。もちろん、実際の造形の分野はどんどんと細分化されているから、特定の金属材料を専門とする彫金作家や、特定のソフトウェアでしかポスター制作しないデザイナーといった立場で、特定の分野の専門家として活躍しているのが通例である。もちろん、こうした直接の専門性から造形ワークショップの企画が練りあげられることもあるだろうし、そうした専門性から少しずれたところで企画が浮かんでくることもある。造形ワークショップの目的が造形の楽しさをあらゆる人々が享受できるようにすることだとすれば、ファシリテータはまずその楽しさを自ら経験して、自分自身のものとした人でなくてはならない。

学校の美術教員や美術館の学芸員が自分の専門分野だけを担当しないのと同様に、ファシリテータは企画に応じて自分自身の造形経験の浅い分野や、不得意な分野で企画に取り組むこともある。造形ワークショップを複数のファシリテータが分担するときには、分業や相互のフォローが考えられる。大規模な行事として行うときや、様々な施設で継続的に行うときにはこうした組織的な協力関係が不可欠になる。美術分野だけではない多様な専門家や主催団体にかかわる協力者が、ファシリテータの役割を分担することもある。

こうした実態があればあるほど、美術の専門家の企画力は、自らの自信に裏づけられたものであるだけではなく、他の専門家や協力者にきちんと理解をされて行動につなげていく能力とならなくてはならない。美術の専門性は自己完結的に閉ざされたものではなく、他の協力を得ることのできる開放性がなければならないのであって、企画力にはそこまでの深みと広がりが求められるのである。

企画という言葉

言葉は大切である。これから私たちが考える「**企画書**」は、現代の学校で「学習指導案」と言われるものに近い。戦前はこれを「教案」と言った。「教案」から「学習指導案」へ、つまり「教師が教える案」から「子どもが学習することを教師が指導する案」への言葉の変化は、先に述べた主人公の交代劇そのものに関係する。小さいことかも知れないが、「教える」という言葉ではなく、生徒が「学習」することを教師が「指導」するという言葉に換えることで、陶冶構造の教育における教師と生徒の相互関係を意識させているのである。

その意味で、実は「企画書」はまずい言葉である。ファシリテータが「企画」することだけが含まれて、参加者たちの行為が欠如しがちである。「企画力」はファシリテータの能力だが、造形ワークショップは双方向なのだから、「参加企画書」とでもすればよいのだろう。ただ、そんな言葉は定着していないから、企業経営やデザインの現場では普通の言葉である「企画書」をここでは用いる。

さらに、企てて計画する「**企画**」という言葉には、最近の流行語で言うと「上から目線」のようなニュアンスを感じるが、これは歴史的に正しいだろう。たしかに企画はいまでは一般的な言葉である。企画会社、会社や行政組織の企画部、企画課、企画室とおそらく読者のまわりに企画の名前のある組織や部門が多くあるはずである。武蔵野美術大学でも、事務組織の筆頭部門は、法人企画グループである。

日本の歴史の表面に「企画」が登場したのは、第一次世界大戦の教訓から世界各国に総力戦論が広がったことが大きい。軍人だけが戦争するのではなく、国家と社会のあらゆる分野の総力を動員できるよう計画するというプランニングである。その典型が一九三八（昭和一三）年四月の国家総動員法であるが、その前年の一九三七年五月に内閣に「企画庁」が置かれ、さらに同年一〇月に「企画院」に格上げされている。この総合国策機関は戦時統制経済の企画立案にあたり、太平洋戦争の後期の一九四三（昭和一八）年一一月には軍需省に吸収された。教育行政でもそうだった。一九三七年七月に文部省思想局が教学局に格上げとなるときに、内部に「企画部」が置かれている。[*1] 思想局は国家が危険な思想とみなした学生や生徒を対象に思想を改めさせる「思想善導」の機関であったが、教学局はそれを学者や教師、さらに国民一般へと広げようとした。そこで企画部をおいて学問一般の研究活動も方向づけようとプランニングをする部門としたのである。

つまり企画とは国家が国民の生活や思想をプランニングするための用語として登場したのであり、教育の場面では、第1章で見た秩序づけとしての「教化」を行うための用語だったのである。総力戦体制の国家的企画は戦後世界では清算されたはずだが、システムと発想自体は今日も継続しているという見方ができる。少なくとも、「企画」という言葉の意味を考えずに使ったときには、そういう発想を無意識に持ってしまうだろう。だからこそワークショップにおける「反教化的教化」や「助力」という姿勢はつねに考えなくてはならないのである。

第二節　目的や目標は誰のものか

企画を考えるときに最初から問われることは、何のためにするかということである。第1章で述べたように、ここではワークショップとしか言えないワークショップを「参加者が主体となった教育であり、その過程や結果を参加者が享受することを目的とするが、その知識や技術の習得や資格の取得などを目的とせず、さらに準備して見守るファシリテータは存在しても、指導して評価する教師が存在しないもの。」と定義した。それは海後宗臣の言う三つの教育構造では「教化」に相当して、さらに秩序づけとしての教化ではないということから、「反教化的教化」であると述べた。造形ワークショップは、こうしたことを踏まえて造形の分野で行うものであるから、造形ワークショップの目的は造形の楽しさをみんなで享受するものだと言うことができるだろう。もちろん、実際にはもっと多様に個々のワークショップの企画に即して考えるべきものとなるだろう。

ここでは、教育の世界の用語にしたがって、大きなもの、理念的にめざすものを「**目的**」とする。そして、その目的に至るための小さなもの、具体的に達成できるものを「**目標**」と使い分ける。

目的と目標をめぐる問い

まず、「ワークショップに目的や目標を考えるべきか」という問いを単純に立てると、ワークショップは人間が意識的に行為として行うものだから、何らかの目的や目標はあるだろうし、それを企画として計画する立場のファシリテータは当然に考えるだろうという答えが思い浮かぶ。

ただこれを、「ワークショップとしか言えないワークショップ、とりわけ反教化的教化ということを考えると、本当に目的や目標は必要なのか」という問いにすると、とても難しい。目的や目標を置くことが、陶冶構造の学校教育と同じものとなったり、秩序づけとしての教化という弊害をもたらすのではないかという問題がある。たしかに、一人の人間の意識による行為一般には何らかの目的や目標があると考えられるが、何人かの人間が集まって行う社会的な行為における目的や目標は大いに考えるべきものがある。

学校教育であれば、社会的にも、また保護者や児童・生徒の立場からも、第3章で述べたとおりに、資質・能力の三つの柱が明示され、各教科や学校教育全体を通じて、目的や目標を設定して計画的な指導を行うことが当然である。このために、教師が目的や目標に至るように学習活動を指導し、またその達成を評価する立場になる。これに対して、ワークショップとしか言えないワークショップでは、ファシリテータは指導者でも評価者でもなく、支える人や見守る人や促進する人であり、ワークショップの主体は参加者である。この違いを踏まえて、学校教育に**手法としてのワークショップ**を導入したときには、教師は児童・生徒の期待に応えて、ファシリテータとしての役割が求められる。

このように考えると、この難問の答えは極めて単純明快である。ワークショップの企画をするときに、ファシリテータが目的や目標を考えることは計画づくりのためには自明の理だが、これはファシリテータの計画における目的や目標であって、参加者に押しつけたり、参加者を指導したり評価したりする目的や目標であってはならないということである。

例えば、私たちの町の空き地に公園を造って環境をよくしようという大きな目的があり、そのためにみんなで話しあって他の人々にも提示できる理想の構想図づくりをしようという具体的な目標があるワークショップ企画を想定してみよう。ファシリテータはこのワークショップの企画の目的が地域住民の共通の利益だと考えているし、目標に至るように話しあいの環境づくりや、構想図づくりにみんなが参加できるような工夫を整えるだろう。ただ、関心のある参加者が集まって話しあうと、まだ理想の構想図までつくる段階ではないという合意に至るかも知れない。さらには空き地に公園を造るのではなく別の施設が必要だという結論が出るかも知れない。これは企画の目的と目標が参加者によって否定されたのであるが、それは失敗ではない。ファシリテータの呼びかけと準備で集まって、そのテーマを超えた考えを参加者が形成できたのだから大いに喜ぶべきことだ。もちろん、それでは市町村の年度予算執行と矛盾する、都市計画上の観点では問題だと、おそらく多くの問題が出るだろうが、ワークショップという観点では多様な結果があってよいのである。

造形ワークショップの目的として、「造形の楽しさをみんなが享受する」ということを本書では強調したが、これさえも私の思い込みかも知れない。ファシリテータ側はそう思い込んでもよいのであるが、しかし、参加者に対して「美術って楽しいでしょ」「参加してよかったでしょ」と念を押してまわったら、随分と押しつけがましいファシリテータだと思われてしまう。ファシリテータの立つ位置、つまり後ろで見守って支えている人という意味をよく考えておく必要がある。

さて、「目的や目標という言葉にどこまでこだわるべきか」という問いを考えると、まず言語の使い方は多様であってよいと言える。大きな理念的な目的と小さな具体的な目標という使い分けが企画を考えるうえで効果的だと考えるので、ここでは「目的」と「目標」の二つを相対的に使い分けながら説明をするが、別の言葉であってもよいし、書き分けることが不要ならば一つの言葉にしてもよい。とくに「目標」は、「達成目標」や「努力目標」という言葉で、企業経営や学校教育で多用されるために、押しつけ的な、さらには強迫的なイメージが漂うことがある。つまり、ファシリテータの計画としての目的や目標が、参加者に押しつけられる目的や達成が強制される目標として誤解されるならば、十分に表現を考えるべきだろう。「テーマ」「企画者がめざすもの」「提案者が考えていること」「みんなでできたらいいな」「できるかな」などと、企画書での表現を工夫してみることも効果的である。

最初からもっと原理原則的に、「この企画は技術習得や作品自体が目的ではありません」とか、「この制作を参加者が達成すること自体を目標にするものではありません」と言明しておくこともよいかも知れないが、それも言い方によっては説教くさい印象を与えるものであるから、十分に工夫しなければならないだろう。ただし、造形ワークショップが、実際には技術講習会や集団制作と同じ意味で理解されている現実があるので、目的や目標はファシリテータが参加者を指導したり評価したりするためのものではなく、ワークショップの主人公たる参加者が過程と結果のなかで生み出していくものだということを強調しておきたい。

教育基本法の目的と目標

教育の世界、とくに教育法令の世界では、「目的」と「目標」を書き分けることが定着している。例えば教育法令の大本である教育基本法は、次のように「目的」を記す。ちなみに**教育基本法**は一九四七（昭和二二）年に最初の教育基本法（旧法）が戦後教育改革のなかで成立したが、ここに引用するのは二〇〇六（平成一八）年に「全部改正」として法律全体を改正したあとの教育基本法（新法）である。この第一条は旧法と新法では大きな違いはない。まず、教育の**目的**の規定を示す。

（教育の目的）

第一条　教育は、人格の完成を目指し、平和で民主的な国家及び社会の形成者として必要な資質を備えた心身ともに健康な国民の育成を期して行われなければならない。

「人格の完成」や「平和で民主的な国家及び社会の形成者」をキーワードとするこの第一条は、教育全般の目的を定めたものである。人間は一人として同じ人はおらず、一人ひとりに代え難い意味があるのだが、それを教育基本法は前文で「個人の尊厳」と表現する。その尊厳を持った個人がそれぞれの人格の形成を進めていって、国家や社会をつくる主権者となると述べているのだ。

つづいて、第二条では、「教育の目標」を定める。次の引用文のはじめに「その目的を実現するため」とあるが、「その目的」とは、第一条で見た「教育の目的」である。つまり目的を実現するために設定されるのが**目標**である。

（教育の目標）

第二条　教育は、その目的を実現するため、学問の自由を尊重しつつ、次に掲げる目標を達成するよう行われるものとする。

一　幅広い知識と教養を身に付け、真理を求める態度を養い、豊かな情操と道徳心を培うとともに、健やかな身体を養うこと。

二　個人の価値を尊重して、その能力を伸ばし、創造性を培い、自主及び自律の精神を養うとともに、職業及び生活との関連を重視し、勤労を重んずる態度を養うこと。

三　正義と責任、男女の平等、自他の敬愛と協力を重んずるとともに、公共の精神に基づき、主体的に社会の形成に参画し、その発展に寄与する態度を養うこと。

四　生命を尊び、自然を大切にし、環境の保全に寄与する態度を養うこと。

五　伝統と文化を尊重し、それらをはぐくんできた我が国と郷土を愛するとともに、他国を尊重し、国際社会の平和と発展に寄与する態度を養うこと。

この第二条のなかには旧法になかった「伝統と文化」や「我が国と郷土を愛する」という愛国心規定があるために、大いに論争になった箇所である。国家が自ら法律で国家を愛せよということは、秩序の押しつけとしての教化そのものであり、民主主義国家の法律として批判されるべきものである。そのことは私も『道徳科教育講義』[*2]で述べたので、ここでは省略する。

ここで教育基本法の第一条と第二条を引用した理由は、一つは、この規定が造形ワークショップの目的や目標を公式に規定するという直接の理由と、もう一つは、目的を実現するために設定されるのが目標であるという論理構造が私たちの発想にプラスになるという理由があるからである。

まず、直接の理由は、教育関係者には常識だが、そうでない人々には違和感があるかも知れない。それは教育基本法が学校教育を規定していると誤解されているからである。ここに書いてあるのは学校教育の目的や目標に限定されるものではなく、あくまでも広く「教育の目的」と「教育の目標」である。第1章で海後宗臣が言った「陶冶」だけではなく、「教化」も「形成」もすべて含む教育である。学校教育だけではなく社会教育も家庭教育も、すべてである。

例えばある民間企業が社員研修としてワークショップをするとしよう。これは企業教育である。それは教育基本法第十二条に定める社会教育であり、民間企業も教育基本法を守ること、つまり**法令遵守**（コンプライアンス）を求められる。だから、その目的が企業の利潤追求であっても、企業教育も「人格の完成」や「平和で民主的な国家及び社会の形成者」と矛盾するものであってはならないのである。もちろん、その具体的なスタイルは多種多様であり、考え方の根拠はいろいろとあろう。だから第二条にはわざわざ「学問の自由」という日本国憲法第二十三条で記された国民の権利が明記されているのである。第二条の第四号には「環境の保全に寄与する態度」が目標となっているから、企業ぐるみで自然を破壊しましょうという企業研修は違法である。もちろん実際の環境保全の考え方は多くの学説があるものだから、具体的に何をどうするかは「学問の自由」として自由に考えられる。先ほど私が書いたように、教育基本法第二条第五号の「我が国と郷土を愛する」と法律で規定するのはおかしいと異論を唱えることもまた、学問の自由である。

造形ワークショップの目的と目標

さて、造形ワークショップが造形の楽しさを誰もが享受するものだということを、堅苦しく法律の言葉で言うと、教育基本法第一条に則って人格の完成の一つとして美術の楽しさを享受できることを目的として、第二条第一号に定める豊かな情操を培い、第二号に定める創造性を伸ばして、第五号に定める文化を尊重することを目標として行うという言い方ができる。もちろん、こんなもってまわった言い方は、誰もしない。ただ、私たちが考える造形ワークショップが、日本国の法律にきちんと明記された教育の目的や目標と合致するものだという点は理解してもらいたい。

次の話へ進もう。ここで見たように目的を実現するために目標を設定するという論理構造はとても有益である。

この「目的から目標へ」という構造は法令で多用され、教育基本法は第五条第二項で義務教育の「目的」を定めて、それを受けて学校教育法第二十一条で義務教育の「目標」を定める。次に学校教育法二十九条で小学校教育の「目的」を定めて、それを第三十条の「目標」で受ける。こういった何重にもなる「目的から目標へ」という網の目がつくられている。この網の目はさらにつづくから、教育法令は大変読みにくいので、詳しい説明は『新しい教育通義』[*3]に記した。すでに述べたように、陶冶構造の学校教育では教師が子どもたちの学習活動を指導して評価するためにこうした目的や目標の明示が厳密に必要になってくるが、私たちの考えるワークショップでは指導や評価のための目的や目標は不要である。しかし有益だというのは、私たちが、造形ワークショップの企画を考えるときに、この目的と目標を自由に段階的に設定する論理構造が使えると思うからである。

目的と目標の書き方

理念的にめざすものを「目的」として、その目的に至るための、小さなもの、具体的に達成できるものを「目標」と使い分けて考えてみよう。

目的は、社会や地域、その組織全体で共有されているものや、大きな企画全体で掲げているものなどが考えられる。自分たちの企画するワークショップ単独では、それが実現できないような大きなスケールのものだろう。**目標**は、それが具体的に実現できたり、あるいは近づいたりすることが、そのワークショップ単独でできそうなものである。

例えば、高齢者施設でちぎり絵の年賀状を作るワークショップならば、こんな文章だろうか。

《目的》

○○園に入所する高齢者が施設内で健康で文化的な生活を過ごすために、造形を通じて季節感のある日常と社会的な交流を楽しむことを目的とする。

《目標》

ちぎり絵によって、正月を迎える時期の楽しさを実感して、年賀状や室内の装飾による施設内外の人々との交流を行う。

社会福祉施設の考え方によっては、もっと社会福祉施設としての目的である健康、とりわけリハビリや社会的刺激の意義が強調されるべきかも知れないし、年賀状づくりなどは入所者の心身の状況に応じて目標の表現に工夫がなされるだろう。まずはファシリテータの視点から、参加者となる高齢者にとって意義があると考える大きなものが目的としてあげられ、次に具体的に今回の造形ワークショップの企画でもできることが目標として書かれるのである。

施設の職員に読んで理解してもらうために文章を工夫し、また、目的や目標といった言葉を使わずに書くとこう修正できるだろうか。

《この企画がめざすもの》

○○園に入所する高齢者の方々が季節の変化を感じて交流の機会を持つことが大切だと考えます。私たちは、この「ちぎり絵」のワークショップを一二月に行うことで、お正月を迎える楽しさを感じて、年賀状や室内の飾りにも使ってほしいと考えています。

本当は○○に施設名が入り、そしてファシリテータが施設利用者や施設職員の表情を思い浮かべることで初めて、この目的や目標が生きたものになる。

武蔵野美術大学では五〇～一〇〇名規模の講義科目として、ワークショップ実践研究を開講しているが、毎年、実際や仮想の課題設定の「お題」のように、この目的と目標を示している。二〇一七（平成二九）年度から二年間は、実際に立川市と齋藤啓子（視覚伝達デザイン学科教授）を中心に武蔵野美術大学が連携したプロジェクトがあり、アール・ブリュットの理解を広げることと、地下道の安全性を高めることという二つのテーマをもって立川駅西地下道で、年齢や障害の有無を超えて壁画を共同制作した。このテーマから、次の目的を設定した。なお、《目標》に掲げたものは、その二年間の授業での討議や提案の例で、実際の実施企画ではない。

《目的》

立川駅西地下道の安全性や利便性を確保しつつ、アール・ブリュットを含む芸術文化を育むこと。

《ワークショップ》

ワークショップの課題は、つぎの二つから選んで設定すること。

①二〇一八（平成三〇）年度に「電車でつなぐ西地下道アートプロジェクト」に連動する、小規模のワークショップを実施する。

②二〇一九（平成三一）年度に、「電車でつなぐ西地下道アートプロジェクト」の壁画が完成した地下道でワー

クショップを実施する。

《目標》（実際の提案例から）

・（①てるてる坊主を作り、立川の街のなかを歩く）通行する人たちに呼びかけ、立川のアール・ブリュット作品や屋外彫刻などを見るきっかけをつくる。

・（①地下道の天井や床面を整備するワークショップ）自転車通行の注意を呼びかけて、歩行者も自転車利用者も安心して通行できる環境を実現する。

・（②光を使ったワークショップ）暗い地下道の照明に変化を与えて、安心感を高める。

・（②対話型鑑賞のワークショップ）完成した壁画の作家（子どもたちやアール・ブリュット作家など）が定期的に説明に訪れて、完成後も様々な人たちとの対話を実現する。

目的としての地下道の安全性や利便性、芸術文化やアール・ブリュットの理解というのは大きな課題なのだから絶対実現できますとは言いにくい。それでも何かは前に進めたいので、具体的に達成できる目標を掲げるわけである。

目的と目標の三角形

「目的から目標へ」という構造では、大きな目的が一つあるならば、そこにある目標は複数あってよい。大きな行事があれば、それに共鳴する複数のワークショップがあってよいのである。この構造を考えるときに、次のような三角形のメモで整理すると便利である（図表1）。

造形ワークショップの内容は、まず、大きな目的を意識して企画される。高齢者施設で必要なものは何か、商店街がめざしているのは何かといったものが設定される。これと造形ワークショップの企画がつながっていなければならない。そして、目的を実現するための目標は直接に造形ワークショップによって達成されなければならない。参加者や関係者からファシリテータに対して「どんなことを考えているの」と問われたら目的を答え、「じゃあ、この造形ワークショップでどんなことが起こるの」と問われたら目標を答える。先ほどの例で見ると、高齢者施設に年末にちぎり絵を提案する企画であれば、「施設のなかでも季節の変化やいろいろな方々との交流が必要だと私は考えているんです」というのが目的の答えだし、「参加してもらえたら、ちぎり絵に取り組んでもらうんです。年賀状を作ったり、お部屋に飾ったりできますよ」というのが目標の答えだろう。

この三角形のメモは、「目的から目標へ」という線の両端が造形ワークショップの企画と二つの線でつながっているかを見直すために大切である。季節の変化や交流という目的にちぎり絵がふさわしいかを考えたり、年賀状や室内装飾という目標に対してちぎり絵の工夫を考えてみる。そうすると、一般的な「ちぎり絵」ではなく、年賀状サイズの用紙はどうするか、そのために色紙に工夫ができるのかといったことが見直されるだろう。

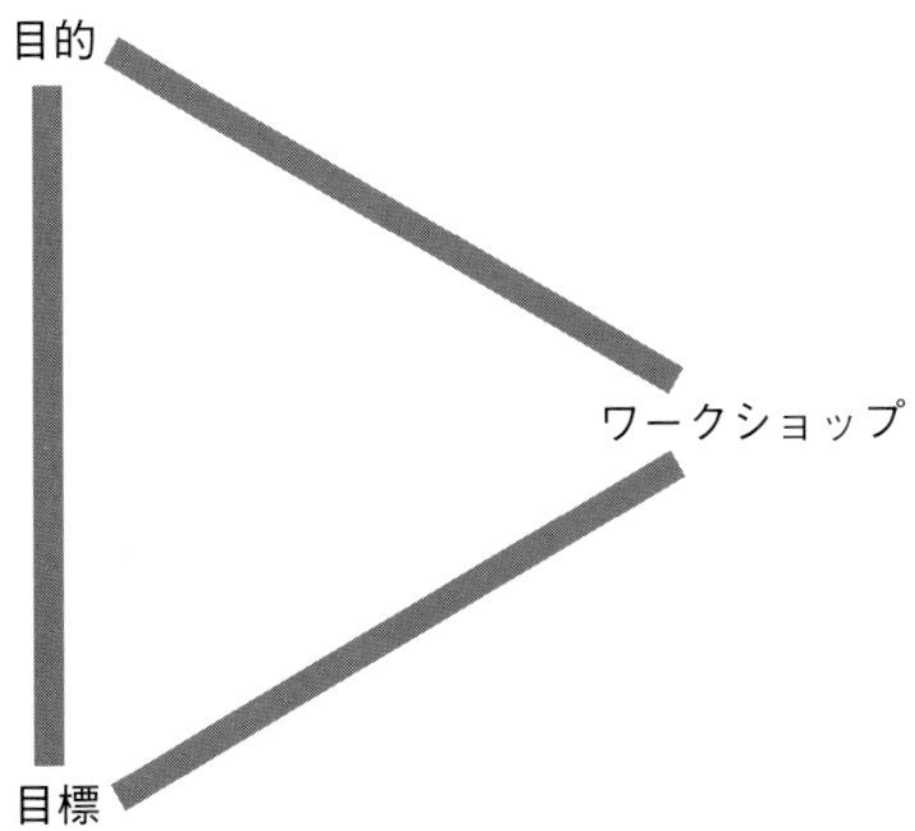

図表1　目的と目標の三角形

目的と目標の説明責任

この目的や目標は、ファシリテータのみが考えるものではなく、企画を協力したり支援する人々にも、参加するすべての人々にも伝えられるように工夫しなくてはならない。地域振興、社会福祉、異文化理解、環境保護などの大きな社会的目的が述べられることもあるかも知れないし、楽しいことがよいことだという造形自体を目的とすることもまた立派な目的である。ただ、大きな目的が参加者に隠されていたり、知らない目標が設定されていたりするのは、よくない。参加者が考えもしなかった成果が得られるのはよいことかも知れないが、ファシリテータが目的や目標を隠し持つのは、参加者をだますことになりかねない。ファシリテータは目的や目標を参加者に押しつけるものではないが、自分たちが何を考えているかを述べる**説明責任**があり、そのうえで参加を選択してもらうのである。

コミュニケーションや自己啓発の分野のワークショップでは、よくこういう問題を見聞する。特定の実例は避けておくが、ファシリテータの指示どおりに作業をしていたら、最後にある政治や宗教のスローガンが示される、特定商品の購入等を求められるといったものである。それならば、最初からその宣伝活動のためだと明示して正々堂々とやってほしい。参加したくない人が当然いるわけで、知らせずに参加させるのはやめてほしいのである。

商店街の企画であれば商店街振興と売上向上があることは当然であるし、神社、寺院や教会の企画であれば宗教教育と関係があることは当然である。こうした主催団体等の名称で誰にでもわかる場合はともかく、ワークショップが参加者の意に反した誘導として使われないためにも、ファシリテータは目的と目標の明示につとめる必要がある。社会福祉や環境保護のようなテーマは誰でも認める社会的課題ではあるが、知らずに誘導されることは参加者の嫌悪感を招くものであり、第1章で強調された「**反教化的教化**」という意味を考えて、参加者への押しつけにならないための説明責任をファシリテータは企画段階で工夫する必要がある。

第三節　発想をまとめる第一段階企画書

企画書の位置

企画書は主人公たる参加者が意識され、かつその同意を得るものでなければならない。このことを、ファシリテータの視点から整理すると、次のような段階に分けられる。

第一段階企画書　一人または数人のファシリテータだけで企画を構想する段階

↓

第二段階企画書　ファシリテータが企画を協力支援する人々に説明する段階

↓

第三段階企画書　ファシリテータが企画を参加希望者に説明する段階

第一段階はメモや構想づくりの最初のステップで、数人のファシリテータがいるならば討議のまとめメモといったものだろう。第二段階は、全体の企画主催者や施設管理者、企業ならば上司、共同企画の運営責任者など、企画の可否を判断する立場の人に改まって見せるべきものである。第三段階は、ワークショップの実施が決まって参加希望者に呼びかけたり、現場で説明したりするものだから、「お誘い」「ご案内」「ご説明」といったタイトルがつくだろう。

企業の事業等の企画書は、提案書の形態なので第二段階のものが通例である。学校教育で使われる「学習指導案」も校長や同僚に見せるから第二段階のものであり、第一段階は教師の教材研究として行われ、第三段階としての生徒への文書説明は行われないのが通例である。

私は一つのワークショップをするために、この三段階のすべての企画書を作る必要があると主張しているのではない。ただ、実際に見ることができる企画書は、段階ごとにこの三つに分けられるので、それぞれ区分して理解することが適当だと考えるのである。

第一段階企画書にアイデアをまとめる

企画力の意味を、最初の段階でひらめく**アイデア**の力、思いついたことを目に見えて言葉に出せるものへと仕上げていく**構想力**と置き換えるとする。このアイデアの表現に最もぴったりするのが第一段階の企画書である。第一段階の企画書は、美術の世界でいうとエスキースであるから、自分が次の作品づくりに活かすことができれば人に見せる必要はないし、資源や金銭の問題がないならばいくらでも描きつづけてよいのである。ただ、こうして試行錯誤していった結果、発想をまとめて初めて**第一段階企画書**となる。

まず、このテキストと関連して**アイデアシート**を示したい。学校教育で言えば**ワークシート**という言葉が一般的だが、これも順を追って作業の結果を記入して学力を定着するようにする。これと同じように、アイデアを構想力でまとめていくために、ファシリテータ自身がアイデアシートを活用するのである。

図表2は、先ほど述べた二〇一八（平成三〇）年に立川駅西地下道についてのワークショップ課題の導入として

活用したものである。まずは、最初のアイデアシートは、観察記録である。スケッチと文章の両方で示していく。
次の図表3は、第1章に述べたワークショップについての講義を踏まえて、アイデアを整理するためのものである。

図表2　アイデアシート（調査用）
資料は説明のためのもので、実際には白紙の原稿用紙で提示。

アイデアシート（調査用）

2018年4月27日（金）配付、5月11日（金）提出

学科・専攻	学年	氏名	整理番号
油絵　学科　油絵　専攻	1年	金原省吾	10

＊立川駅西地下道の現地の観察記録を記す。条件は4月27日配付レジュメ参照。「整理番号」は配付レジュメのクラス名簿の整理番号。「タイトル」はこのレポートの内容を一行で記し、「図表」は現地で観察したスケッチ（図表、説明図、写真貼付なども可能）を入れて、「文章」に観察概要を記す。足りない場合は裏面使用可能。

◎タイトル
平日夕方に見た通行者の多様性

◎図（写生でも、説明図でも、グラフでも、写真でも、何でもよい。）

＊文章（客観的事実や自分の見解による分析。地下道そのもの、利用者、開始した壁画等の状況等、観察の力点は何でもよい。）

5	月	3	日	の	午	後	5	時	5	0	分	か	ら	、	た	だ	南	側	出
口	に	立	っ	て	私	は	3	0	分	間	、	西	地	下	道	の	通	行	人
の	様	子	を	観	察	し	た	。	私	が	会	話	し	た	の	は	声	を	か
け	た	A	さ	ん	と	、	た	ま	た	ま	出	会	っ	た	高	校	の	友	人
B	さ	ん	だ	。	す	で	に	開	始	さ	れ	た	壁	画	を	み	た	と	こ

〔以下省略〕

①現地での観察等は通行の妨げにならないよう注意。写真撮影はプライバシーに配慮。関係者や住民から質問されたときは、大学・氏名と調査目的を落ち着いて説明する準備をしておく。
②すでに受け取った資料は4月13日の「立川アールブリュット2017」と4月20日の立川市地図です。受け取っていない人は7号館教職資料閲覧室へ。

図表 3　アイデアシート

知識をまとめてアイデアを整理するためのもの。

<table>
<tr><td colspan="3">2018 年度 アイデアシート　2018/05/25 → 06/01 提出
学科　専攻　年　氏名</td><td>整理番号</td></tr>
<tr><td>ワークショップ名称
(10 ～ 24 文字限定)</td><td colspan="2"></td><td>名称だけで具体像が見えるように</td></tr>
<tr><td colspan="4">名称は簡潔明瞭に。仮に謎めいていても、名称だけで参加者や関係者にイメージが伝わる工夫が大切。材質や手法や目標などのキーワードが含まれるように。名称等は今後も変更が可能。</td></tr>
<tr><td>このワークショップは全体の「目的」とどう連動しますか。</td><td colspan="3">企画の目的「立川駅西地下道の安全性や利便性を確保しつつ、アール・ブリュットを含む芸術文化を育むこと。」という目的に対して、このワークショップは、</td></tr>
<tr><td rowspan="2">○でどちらの課題か区分してください。</td><td>第 1 課題</td><td colspan="2">(　　) ① 2018(平成 30) 年度に「電車でつなぐ西地下道アートプロジェクト」に連動する、小規模のワークショップを実施する。</td></tr>
<tr><td>第 2 課題</td><td colspan="2">(　　) ② 2019(平成 31) 年度に、「電車でつなぐ西地下道アートプロジェクト」の壁画が完成した地下道でワークショップを実施する。</td></tr>
<tr><td>このワークショップで達成される「目標」とはどんなことですか。</td><td colspan="3">このワークショップで達成できる具体的な目標は、</td></tr>
<tr><td>数行で、このワークショップの内容、あるいは素材・技法などを簡単に、書いてください。詳細は今後、提出の機会がありますし、変更も可能です。
スケッチや図示も可能です。</td><td colspan="3"></td></tr>
<tr><td rowspan="2">この企画は、教科書第 1 章に即して、陶冶、形成、教化という海後宗臣の定義では、どう分類・説明できますか。各定義に該当するかしないかなど、明確に書いてください。</td><td colspan="3"></td></tr>
<tr><td colspan="3">【すべて枠内で裏面は使用不可】</td></tr>
</table>

この二つのアイデアシートは、実際には講義やグループ討議の合間に提示して、宿題の形で実施した。ファシリテータが一人で行うためには、こうした説明入り、例示入りがよいだろう。慣れてくれば、一枚の紙や、スケッチブックなどでも、立派なアイデアシートになる。

複数のファシリテータや意見交換可能な人たちがいる場合は、この思考のプロセス、討議のプロセスを互いに共有する必要がある。こうした会議のためのワークショップで広く用いられているのが付箋紙を使った手法である。討議の進行役や参加者が意見やキーワードを**付箋紙**に書き込んでいく手法は、企業や教育機関の会議、まちづくりのディスカッションなどでかなりの広がりを見せている。学校教育におけるアクティブ・ラーニングの導入では、**対話的な学び**を実現するワークショップの手法として各教科で活用されている。ただ、私自身の参加体験を言うと、失敗例があまりに多い。付箋紙に書き込むことでつづく沈黙の時間や、がんばって書き出した付箋紙が並ぶ模造紙を黒板に貼り出しても全く見えない発表などである。それなら、ごく普通にメモをとればいいのである。そのほうが時間と資源の無駄が解消される。

この失敗例の多くは、討議という行為自体でめざされている目的と付箋紙を活用することで達成しようとしている目標がワークショップと連結されていないことに起因する。付箋紙を何のために使うのか、誰にどこで見せるのか、用紙のサイズや貼付位置にルールがあるのかなどをきちんと決めておかないと失敗するのは当然である。

そもそも日本は江戸時代から付箋紙の活用が普及しており、原稿類に小さな紙を貼って書き込んで原稿を添削したり、賛成や反対の意見を書き込みながら回覧されて検討された公文書を見ることができる。国立公文書館に保管されている明治期の行政文書でもこの付箋紙が花盛りで、文書の付箋紙を読まないと、どんな議論があって法令がつくられたか、却下されたかがわからない。伝統的な付箋紙の使い方は、意見を言いたいところの上部に糊でつけることである。だから本文と付箋紙の関係性がわかる。この付箋紙は広く民間企業などにも普及したが、糊で貼るプロセスは不便なものであった。ポスト・イット（スリーエム）などの商品名で「のり付きふせん紙」が一九八〇年代に市販されてからは現在のような普及を見ることになった。

さて、数人のファシリテータや関係者が第一段階のアイデア交換をスムーズにすることを直接の目標として、次の第二段階の企画書へとつなげていくという目的を明確にしたときに、便利な方法を紹介しておきたい。

赤青黄と時間の区別

ここで紹介するのは、二〇〇二（平成一四）年から通信教育課程の**総合的な学習の時間**を担うための授業科目で導入して、現在は通学課程のワークショップ実践研究で活用している手法である。プランニングをゼミで発表しあって討議をしてプランを見直そうという段階で、この作業に入るのである。これは別に造形ワークショップのためだけの整理法ではないが、企画の第一段階で活用できる。

図表4は、その例として毎年使っている学校園の池を活用した総合的な学習の時間の単元指導計画についての見本である。一人でアイデアを練ってからみんなに説明するケースに基づいて、作業方法を説明する。手元に、赤、青、黄の三色の付箋紙を一束ずつと、A３用紙を一枚用意してほしい。

最初は赤色の付箋紙に、目的や目標を示すキーワードを書き込む。「福祉」や「健康」と「商店街振興」といった一言を一枚に書く。まずは思い浮かんだものを、次々と書き込むのがコツである。

二番目に青色の付箋紙に、具体的な人や物を書き込む。組織、団体、講師などの人や、道具や材料などの物である。ひとまとまりに書くべき用具のセットやスタッフの氏名があるときは大きめの付箋紙に書くとよい。

図表４　「総合的な学習の時間」単元指導計画（見本、サイズ：A3 判）

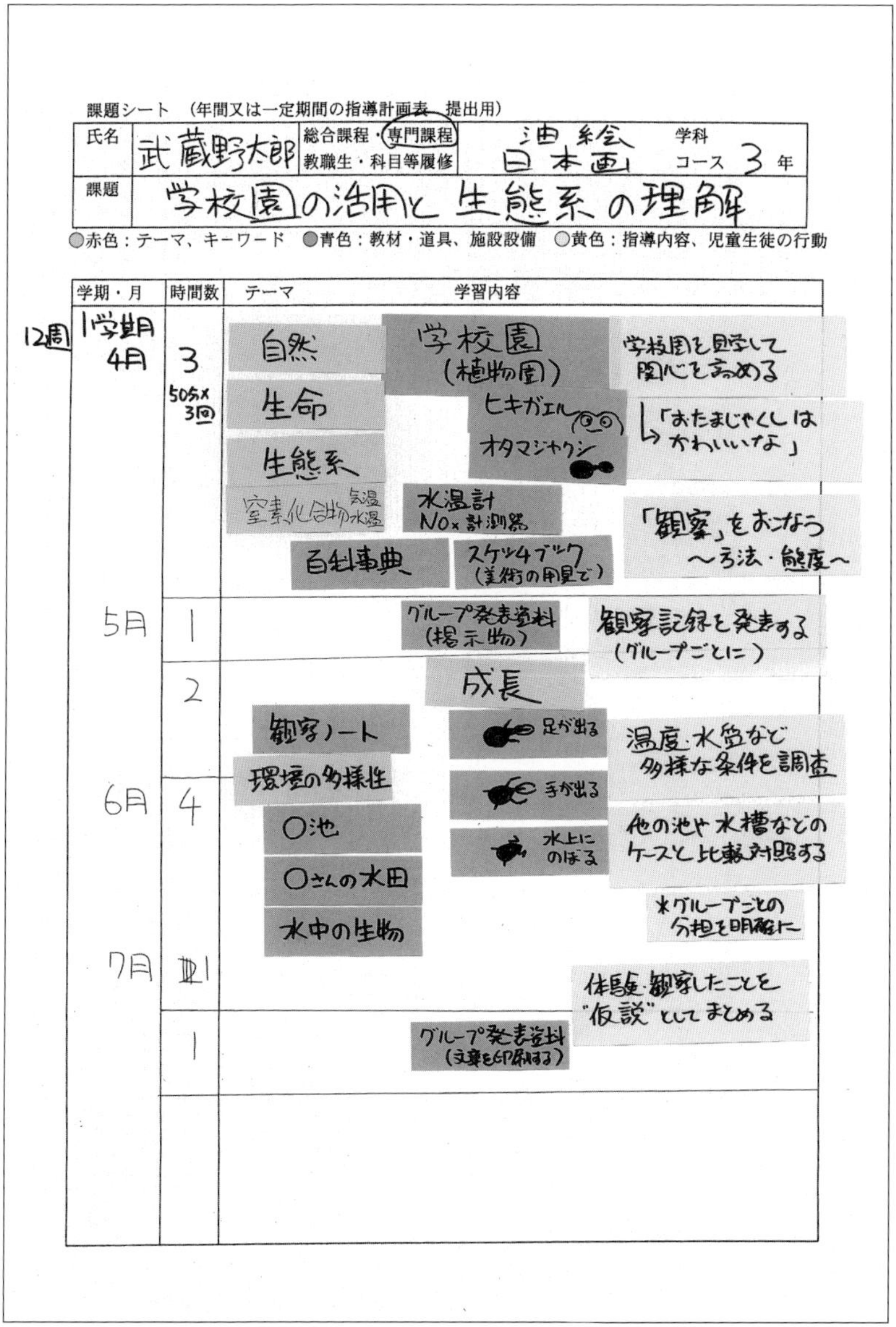

課題シート　（年間又は一定期間の指導計画表　提出用）

氏名	武蔵野太郎	総合課程・専門課程 教職生・科目等履修	油絵 日本画	学科 コース　３　年
課題	学校園の活用と生態系の理解			

◎赤色：テーマ、キーワード　◎青色：教材・道具、施設設備　◎黄色：指導内容、児童生徒の行動

学期・月	時間数	テーマ	学習内容	
12週　1学期 4月	3 50分×3回	自然 生命 生態系 窒素化合物 気温 水温	学校園（植物園） ヒキガエル オタマジャクシ 水温計 NOx計測器 百科事典 スケッチブック（美術の用具で）	学校園を見学して関心を高める →「おたまじゃくしはかわいいな」 「観察」をおこなう 〜方法・態度〜
5月	1		グループ発表資料（掲示物）	観察記録を発表する（グループごとに）
	2	観察ノート 環境の多様性	成長 足が出る 手が出る 水上にのぼる	温度・水質など多様な条件を調査
6月	4	○池 ○さんの水田 水中の生物		他の池や水槽などのケースと比較対照する ＊グループごとの分担を明確に
7月	1			体験・観察したことを“仮説”としてまとめる
	1		グループ発表資料（文章を印刷する）	

最後に、黄色の付箋紙で、参加者の主要な活動を書き込む。

以上の書き込みをひととおり終えたら、Ａ３判の紙に上から時間順に貼っていく。図表４は、縦の時間軸は数箇月の観察学習のプランなので月単位だが、九〇分のワークショップならば分刻みで貼付していく。

貼付が終わったら、縦と横を見直す。全体の目的や目標やその場で発せられるキーワード（赤色）と、その場に登場する人と物（青色）と、参加者の活動（黄色）が横につながるはずである。縦には各色ともに時間の経緯が並ぶはずだから、そのつながりを見直していく。付箋紙の大きさからつながりが見えないときは、矢印や線を描き足してよい。

図表５は、あとで紹介する「いろいろ色のフェルト・タピストリー」のプランの例である。なおこの図表５は、ここでの説明のために再構成したものであり、二〇〇八（平成二〇）年に実際に使われたものではない。

ここで紹介した三色の付箋紙による第一段階の企画書づくりは、次のような点で便利である。まず、一人でチェック作業と再構成ができる点である。文章によるメモではわかりにくい時間進行と三色のつながりが、貼り込むことで明白になる。目的や目標とどう関係するか、人や物が適切に登場するか、参加者の活動は円滑かといったチェックができる。

次に、みんなと話しあいをしながら意見発表のツールとしてそのまま使える点である。三色に区別した意味だけ知っていれば、数人であればそのまま見せあい、修正しあうことができる。私はゼミではＡ３判の、大きなクリアフォルダを用意する。付箋紙ははがれやすいので、一〇名を超えるゼミの場合、のぞき込むように机に置いて示すことはできないので、クリアフォルダに入れて手元で立てて見せたり、黒板に貼付したりする。さらにコピーができればそのまま配ってプレゼンテーションができる。このときは、Ａ３判をＡ４判に一色で縮小コピーすると

図表5 「いろいろ色のフェルト・タピストリー」プラン（サイズ：A4判）

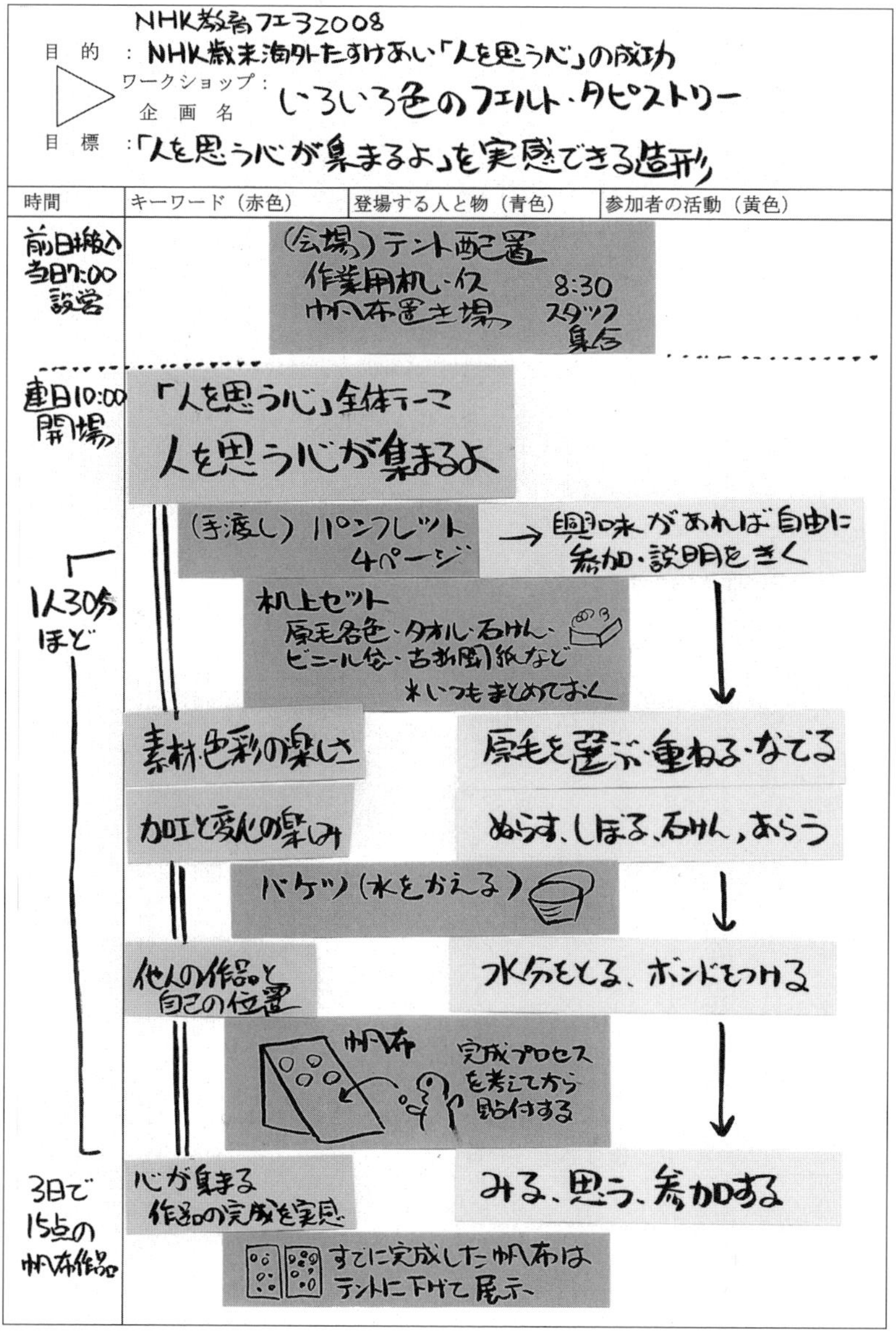

よい。一色コピーになるが、手書きコピーは小さくしたほうが見やすい。付箋紙には、太めの鉛筆やフェルトペンなどのはっきりと見える用具で書く。

第四節　企画を伝える第二段階企画書

第二段階企画書はプレゼンテーションのツール

第二段階企画書は、造形ワークショップを実施する前に、企画への協力や支援をしてもらう人々に説明するものである。全体の企画主催者や施設管理者、企業ならば上司、共同企画の運営責任者など、第一段階とは異なる多くの人々に伝えることになる。第一段階はファシリテータによるファシリテータのための、内向きに練り込むための企画書だが、第二段階からは、外向きに伝えるための企画書となる。企業の事業提案やデザインのプランニングで企画書と呼ばれるのもこの段階のものである。

この第二段階の企画書では、目的や目標の説明責任だけではなく、様々なリスクや負担を明確にする必要がある。とくに費用については、誰が何についていくら負担するかはきちんと説明しなければならない。

先の図表5のもとになった、二〇〇八年一一月実施の「いろいろ色のフェルト・タピストリー」の企画書を実例として図表6に示したい。この企画は「美術と福祉プログラム」を指導する葉山登が構想して、私も一緒に企画検討を行った。この企画書例は、実施前に主催者である日本放送協会の担当者に示したもので、一部省略してあるが、あくまで実例ということで、目を通してほしい。渋谷のＮＨＫホールの横にテントを設営する計画図も添付した（図表7）。図表6で最もわかりにくい「帆布置き場」は、その後に図面を作成して現場で組み立てた。

図表６　「いろいろ色のフェルト・タピストリー」企画書（元サイズ：A4判、４枚）

二〇〇八年一〇月二〇日　第三次

企画書

「人を思う心が集まるよ　いろいろ色のフェルト・タピストリー」

一一月一日（土）〜三日（祝）

1　目的

「ＮＨＫ教育フェア二〇〇八」の趣旨に基づいて、武蔵野美術大学「美術と福祉プログラム」の美術教育と社会福祉の取組の成果を公開し、さらに参加型のワークショップを展開して「ＮＨＫ歳末・海外たすけあい」の成功を目指す。

2　日時など

二〇〇八年一一月一日（土）・二日（日）・三日（祝）三日間　一〇時〜一六時三〇分

ＮＨＫ放送センター周辺「Ｄゾーン」

搬入　三一日（金）午後五時以降　テントが脚を折っておいてあるので、その中に入れる。

設営　一日（土）七時〜九時三〇分

　集合時間　八時〇分（現地）　身分証明（ＩＤ証）持参

撤収　三日（祝）午後五時〜午後八時

3　スタッフ

企画責任者：高橋陽一　〒 000-0000　東京都〇〇市〇丁目〇番〇号　電話 00-0000-0000

ワークショップ指導：葉山登

教職資料閲覧室：吉岡美樹、赤羽麻希

院生学生スタッフ：田中千賀子ほか

4　ワークショップ企画

一人ひとりの希望や思いを羊毛の色と形に表現して、帆布に貼り付けます。参加したそれぞれの思いが調和して、一つの作品へと変化していきます。作品は、「ＮＨＫ歳末・海外たすけあい」の企画をアピールするために活用が可能です。

◎企画名

「人を思う心が集まるよ　いろいろ色のフェルト・タピストリー」

◎目標

「ＮＨＫ歳末・海外たすけあい」のテーマ「人を思う心」（毎年）やＤゾーンのコンセプト「ハートプロジェクト」を前提に、羊毛を帆布に貼付する手法にあったわかりやすいネーミングを考える必要があります。作成した一五点は、「ＮＨＫ歳末・海外たすけあい」の飾り付けに活用します。

◎ワークショップのあらまし

一つの机（参加者四〜六名）に一人のファシリテータが担当して説明などにあたる。原毛を重ねて形作り、毛を絡めた後に、石けん水で固め、タオルで拭き取り、さらに形を整えて木工用ボンドで布に貼付する。説明を含めて、小学校児童で三〇分の作業と考える。

◎原材料

二メートルの布を毎日五点、三日合計一五点を作成する。

〔試算〕　一点五〇人あたり帆布二メートルと染色羊毛、木工用ボンド、丸棒二本

帆布（二メートル）〇〇〇で購入　六〇〇円程度×二メートル　一二〇〇円

原毛（メリノスライバー）四四一〇×二＝八八二〇（一五％引き）　七四九七円

ボンド　木工用ボンド五〇〇グラム（五〇〇円程度）　五〇〇円

丸棒上下二本（一・五メートル、直径二センチほど）　一二〇〇円
　できあがった布を吊す木製の棒
　　小計　一〇、三九七円
　合計　約一万円×一五点、一五万円を目安に

◎道具類

ポリバケツ　一六個
タオル　一〇〇枚（手ふき・フェルト水分取り用）
石けん　三〇個（一〇〇円ショップで三個入りのもの一〇組）
ビニール袋　二巻（スーパーマーケット用のロール状の袋）
吊すためのひも、ハサミ、押しピン
古新聞紙（学内調達で大量に。木工用ボンドの作業のために裁断しておく）

◎機材類

テント　三張　間口五・四メートル、奥行き三・六メートル
折りたたみ机　一〇個　一・八メートル×〇・六メートル
椅子　一六脚（スタッフ用と作業用）

◎帆布置き場

テントの梁から斜めにベニア板などで設営する
一枚の幅　九〇～一〇〇センチ、角度四五度
枚数　ベニヤ板三枚　テント一張の間口（五・四メートル）に二枚×テント二張分、板と板の間は約一メートル

煩瑣に思えるのが材料費の個数や計算だが、費用のあり方などはきちんとさせるべき重要項目だったので、詳細になっている。

図表6をもとに、企画書で書くべき要点から、第二段階企画書の項目を示そう。図表8は、二〇一八年度の授業で使った様式に、〔　〕内に注意事項を書き込んでいる。この授業ではこのシートを一人ずつ書画カメラに提示して発表した。なお、ファシリテータがそれぞれ作成する第二段階企画書には、必ず年月日と氏名を入れる癖をつけたい。第三者に示し、自分も相手も保管するものだからである。

ファシリテータがすでに企業・団体などで提案文書や企画書に書き慣れていて、その組織内部のルールがある場合は、それに準じて行うとよい。公共機関の会場提供の便宜や行政機関の後援などを求めるときに必要な企画書は、名称や目的等、責任者の住所、参加費徴収の有無などについて書

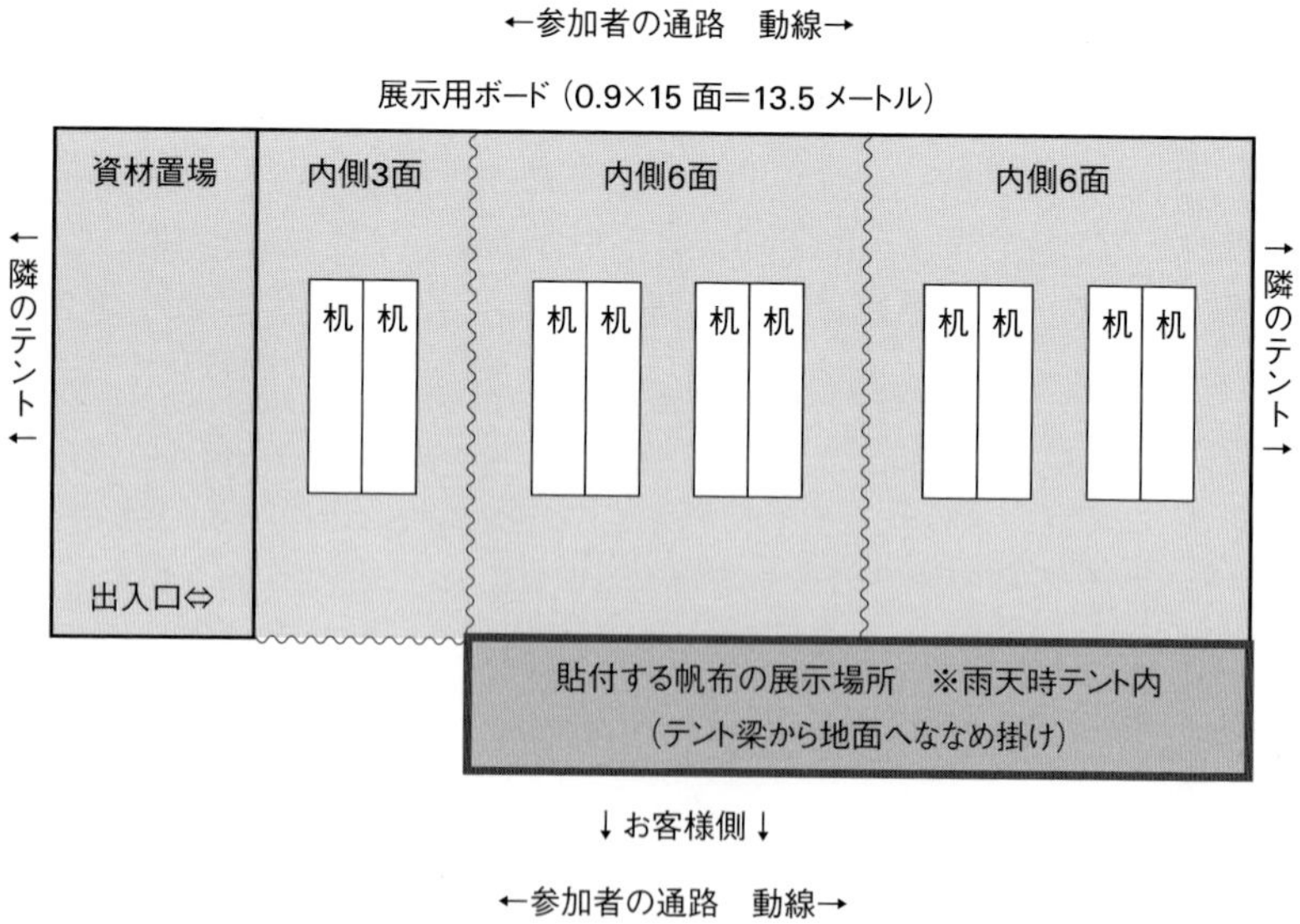

＊テント3連（横幕あり）
＊テントの背面は植え込みに接しているため使用できません

図表7 「いろいろ色のフェルト・タピストリー」企画図

図表8　第二段階企画書

第二段階企画書　2018/6/22 配付→ 06/29 提示 ＊教科書の用語を確認。書画カメラ 60 秒発表に使用する裏面（白紙）は、図表は自由に記述すること。		
学科　　専攻　　　年	氏名	整理番号
企画名		

1　目的〔全体の目的〕

目標〔今回のワークショップで達成される目標〕

2　年月日・開始～終了時刻・会場〔設営や撤収などの予定も明記する〕

年　　月　　日（　）

3　スタッフ（人数等）〔スタッフ全員の氏名と代表者の連絡先も〕

4　ワークショップの概要（手順や時間の流れを示すこと）
〔簡潔な説明と、第一段階企画書を要約した時間計画も〕

き込む手続書式があるのが通例なので、そうした手続書式に書き込んで別紙として企画書を添付することになるだろう。

第二段階企画書は、読んでもらって理解してもらいたい、相手のある企画書である。この段階では第5章で見る組織力、とりわけコミュニケーション能力やプレゼンテーション能力が発揮される必要がある。造形の楽しさが享受されるのが造形ワークショップならば、その企画書もその楽しさが伝わる工夫をしておくべきだろう。さらに言うと、この企画書はそのまま第6章で見る記録力に連続する。企画書はそのまま試行錯誤と対話のプロセスの記録の中心になるものである。

武蔵野美術大学では、「ワークショップ実践研究」の参加者の「ワークショップ発表会」から始まって、現在では大学主催事業として学生の地域連携活動などの発表会が定着している。二〇一一（平成二三）年に芸術文化学科学生の清水輝大は、参加者に企画書を資料として配付して映像で実際の活動をプレゼンテーションした。一枚の簡潔明瞭な企画書なので読者の参考になると考え、ここに掲載する（図表9・10）。

図表9は二〇一一年夏に三澤一実（教職課程教授）が呼びかけ、米徳信一（芸術文化学科教授）らが協力している「旅するムサビ」のなかで高松市で行った「美術館にドラゴン出現!!」である。美術館の展覧会鑑賞と制作を連動させた企画として特色がある。図表10は齋藤啓子（視覚伝達デザイン学科教授）が小平市と市民と連携して進めた企画の一環として二〇一一年八月にルネこだいらで実施した「どっぷりこだいら―目的地のないこだいらツアー」である。この企画は「目的地のない」という〝目的〟を企画名に掲げて学校教育と造形ワークショップの違いを意識しようとした挑戦的な企画書として注目できる。このツアーの結果、子どもたちの発見によって描かれた大きな絵は、成果を報告するためルネこだいらのメイン階段に展示され、市民の好評を得て期間を延期して鑑賞された。

図表9 「美術館にドラゴン出現！！」企画書（作成：清水輝大、サイズ：A4判）

小谷元彦「幽体の知覚」展
関連ワークショップ

こどもとおとなのためのワークショップ

美術館にドラゴン出現！！

～よくしってるあれもこれも、みんなドラゴンに大変身～

6月10日
現在企画案
清水版

目的

こどものリテラシー能力獲得と、自己の確認

3.11の大震災において、日本は建物、道路、土地など、住環境のすべてをリセットすることを余儀なくされた。いまこそ、「自分はどのような存在なのか」と見つめ直す時なのではないか。それは、周りとの関係性によって、生かされているということに始まるのではないか。

実施要項

実施日　：2011年7月30日（土）
場　所　：高松市美術館中2階スペース、講座室
対象者　：小学校程度＋地域住民の方々、合計40名程度
予　算　：1万円
スタッフ：旅ムサ学生7名、美術館2名
主要素材：<学生>着古したTシャツ、竹、ひも
　　　　　<美術館>画材一式、新聞、ドライヤー、Tシャツ

概　要　：小谷元彦『SP2 NewBorn "Viper" 2007』などに見られる、同じ形状が無数に反復して連なる造形美に着目する。つなげるのは、事前に収集した地域住民が使い古して使われなくなった生活用品。それを共同制作で大蛇のようにつなげ、美術館の空間いっぱいに展示する。（所要3時間）

タイムスケジュール

13:00　受付　［美術館受付］

13:10　学生スタッフ自己紹介、竜紹介

瀬戸内海に伝わる大蛇伝説
～紙芝居方式～
瀬戸内海には古くから伝わる大蛇伝説がある。しかしこれはあまり地域の人にも知られていない、伝説中の伝説である。
これを、臨場感たっぷりな紹介をし、最終的に美術館に現れるようにする。

移動 → ［講座室］

13:30　制作1

うろこづくり
・Tシャツ1枚1枚をウロコに見立て、竜の皮膚を作っていく。（着彩作業）
「香川に昔からすんでる竜なんだよね」
「みんなのすぐ近くに住んでいるんだね」

［講座室］ 移動 → ［中2階］

14:15　鑑賞　［中2階］

展覧会鑑賞
学生2名＋美術館1名
展覧会を鑑賞。
同じ形態が無数に羅列する作品に特に注目。

乾燥、組み立て
学生5名＋美術館1名
ドライヤーで乾燥
↓
骨組み組み立て
（順序逆のほうがやりやすいかも？試作後決定）

14:45　連結、設置　［中2階］

竜がのびていく！！
美術館中2階に、はうように設置。
一部頭を持ち上げるような。

基本的に、参加者との対話によって設置していく。

15:30　まとめ、鑑賞、記念撮影　［中2階］

どんな竜？
できあがった竜は、みんなのオリジナルの竜。
どんな竜なんだろう？それはなぜ？
自分で工夫したところや気に入ったところを聞きながら、共有していく。

16:00　終了、撤収

その他諸業務

・Tシャツ調達→
学生もいらないTシャツを協力して！
現地美術館スタッフにも協力してもらう。
参加者も持参。
オーキャンTは米徳先生からの返信待ち

・試作日程→
竹調達との兼ね合い、オーキャン後頃

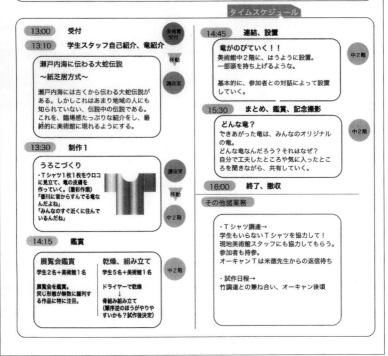

図表 10 「どっぷりこだいら」企画書（作成：清水輝大、サイズ：A4 判）

こどものためのワークショップ

どっぷりこだいら～目的地のないこだいらツアー～

最終版企画書／8月25日改訂版

昨今の美術教育の中の、表現部分の教育における、「目的」と「手段」の逆転現象をただすこと。

義務教育のなかで「手段（絵を描く、彫刻を作る、など）」ありきの制作が主となってしまっている現状を根本から見直し、「（自分が表現したい）目的」のためには、どういう手段、どういう素材が必要なのか、という制作をはじめるに至るまでの正しいプロセスを、ゼロから参加者の子どもに考えてもらう。

今までは事前に準備された素材に対し、どんなものが準備されているのかはじめから机に広げて公開してから、制作をしてきました。しかし、それでは「素材ありきの制作」という呪縛からは抜け出せません。

その観点から今回は、「制作」という行為の原点に立ち返るために、基本的に素材を探すということを行います。素材は、基本的なもととなるもの以外は、必要なものを参加者の子どもたち自身が探して使用する、という形をとります。でも、素材は当日に探してみつかるものでしかないわけですから、必ずしも子どもたちのオーダーに応えられるわけではありません。希望する素材がなかった場合に、もう一度それに代わる表現方法はないか考えることも、重要な要素になってきます。

つまり、今回のワークショップは制作が最終形態ではあります。しかしそれが目的ではなく、『表現したいことのために、どうすればいいのか』ということを、どんなことからも影響されることなくゼロから繰り返し『考える』ということこそが、このワークショップと言えます。完成物は、このワークショップの結果としてはそこまで重要視しません。

ですから今回は、たとえば「絵をかけ！」なんて言いませんし、「紙を用意したから」ということすらも言いません。たとえば究極に言えば、絵を描こうが彫刻を制作しようが、それらはどちらも、表現のために制作者が選択する、「手段」なのですから。

今回はまず前半で「ケルモノ（蹴る物）」を制作します。どこかへいく道中、『こんなものを蹴りながら歩けば楽しいんじゃないか。』『どこかへ行くためだけでない、道程そのものが楽しいという経験。』『小平をよく見た新しい発見。』これらが、参加者それぞれの表現したいこと、ということにつながります。後半では、前半の制作過程の「目的地のないこだいらツアー」で発見した小平を、大きな大きなレポート（階段絵）として皆様に報告します。スタッフは、ツアーの中で「よく見る」ための探検ツアーをコンダクトしていきます。

【概　要】

実施日：２０１１年8月２６日（金）
時　間：10:00～17:00（9:45 受付）
対　象：５歳くらい～小学６年生ぐらいまで
参加者：２１人
参加費：なし
場　所：ルネこだいら展示室（制作）、その周辺屋外（こだいらツアー）

学生スタッフ：５名（赤／清水、佐久間、辻　　青／川上、矢津田）
(※参加予定スタッフの事情により、清水がカメラと司会を兼務)
こども劇場スタッフ：３名
予　算　　　：２万円

【準備物】

【会場制作】
ブルーシート、養生テ (3)、ゴミ袋 (2)、セロテ (2)
スポーツドリンク、紙コップ
【受付】参加者名簿、撮影許可証、ファシリテーター案内、名札、養生テ、マッキー、保冷剤
【制作】ワークシート②、今までの WS 素材全て、古牛乳パック、フェルト、紙粘土、ビン、カン
【ツアーグッズ】単語帳、ポシェット、えんぴつ

etc..

【会場配置図】

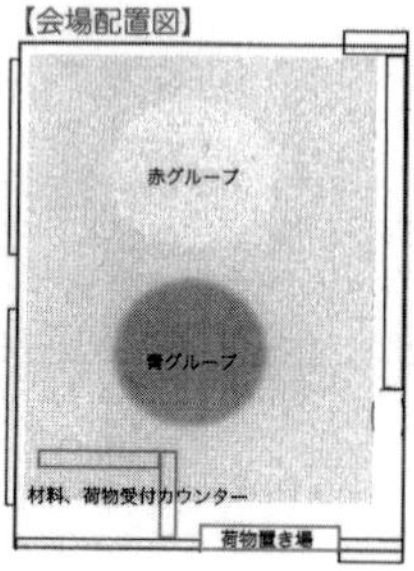

《グループ編成》
学生２～３人＋参加者１０人×２班

WS タイムスケジュール

9:30　スタッフミーティング

9:45　WS 受付開始　ルネ
→(保護者) 撮影許可をとる、発表会のお知らせ
→(参加者) 名札作成、荷物を置き給水、トイレを済ませる

午前

10:00　WS 開始　雨＝ルネ内たんけん or 晴れ＝こだいら探検
→グルーピング
→１日の流れ説明
→スタッフ自己紹介
→こだいらツアーのお約束を確認、ツアーグッズ配布

10:10　こだいらツアーうきうき支度　ルネ
《ベースえらび》
①ひとり１～２点「ケルモノ」のベースをえらぶ
②どんな「ケルモノ」にしよう？変な動き？音がなる？
（１０分）
③制作（４０分）→乾燥注意
《グループでちょっと鑑賞》
他の人はどんなの作ったの？

11:00　こだいらツアー出発！　ルネ周辺
《ペア行動》
☆事前にペアを決めておく。基本的にペア行動。
①蹴りながら、探検ツアー
②学生は、参加者が環境から発見が生まれやすいような声かけ
③発見した事をなんでもカードに記入

11:50　展示室集合

12:00　お昼休み

午後

13:00　階段絵制作①
「どんな物語？」
→午前中のツアーで集めた小平の種（単語帳）をだしあい、どんな場面かを創造する。
登場人物は？背景は？季節は？温度は？時間は？ etc...

13:30　階段絵制作②
「いきなり絵の具！！」
→チームで描きたいものが決まったら、いきなり大きく描く！
→実験コーナー（素材置き場）で試してみるも良し、そのまま自分の制作に入るも良し。
全体の構図などは学生が気をつけて。

16:30　階段絵制作③
「発表会」
→どういう場面だったのか。
→こだいらのどんな所をみつけて、そうなったのか。
→がんばった、くふうしたところは。

16:50　記念撮影、展示のご案内
→総合司会が担当

17:00　参加者解散
→手があいた学生から片付け開始
→目標 30 分

16:30　もし可能そうなら...
かんたんな反省会

第五節　参加を呼びかける第三段階企画書

参加を呼びかけることの意味

ワークショップの主人公は参加者であるとは、使い古されたフレーズだが、参加することに意義がある、ということである。ファシリテータの呼びかけに応えて、参加が選択された意義を十分に理解する必要がある。陶冶構造の学校教育はその初期段階では、憲法や民法や教育基本法に基づいて義務を有する保護者が子どもを、設置義務を有する地方公共団体が設置した小中学校や特別支援学校などに送り出すのだから、権利としての教育とは言えても、参加が選択されたとは言いにくい。私立学校に行くケースも保護者による選択または誘導であって主人公たる子どもによる選択とは言いにくいだろう。形成構造の家庭や地域や職場の教育は、その組織に生まれたり所属したことによって自動的に始まるから、これも選択ではない。それに対して緩やかな教化構造は、図書館に行くにしても映画館に行くにしても普通は自分で選択することになる。もちろん、ワークショップはこの教化構造で選択が行われる典型だろう。選択の余地がない学校教育や企業教育でワークショップが行われる場合は、目的や目標に賛同しなくても参加してしまうので、押しつけとしての教化の危険性がつきまとうことになる。

武蔵野美術大学の「美術と福祉プログラム」に参加して高齢者施設で造形ワークショップを行う学生は、毎年この参加が選択されにくい現実をみて、教育や福祉の意味を考え直すよい機会となっている。高齢者施設のある階の入所者三〇名に造形ワークショップの企画を呼びかけたとして、参加の割合が一〇割になることはない。社会福祉施設に入所できる条件が厳しくなって身体の自由がきかない人や重度の認知症の人など、最初から一堂に集まって行う作業には参加できない人も多い。さらに参加できる人たちについても、みんなが参加したいわけではない。私は造形の楽しさをみんなで享受すると書いたが、みんなが享受したかどうかは各自が決めることである。「図画は嫌い」「面白くない」「いや」等々の高齢者からの感想が施設職員からそっと教えられたりする。現在の高齢者は戦前の小学校や国民学校、戦後の小中学校で図画工作科や美術科などの教育を経験してきた人々だから、最初の教育体験に何か十分ではないものがあったのかも知れない。もちろん、現実は現実としてきちんと理解して、そういう造形が嫌いだと思う人々にもどう働きかけるかを考えるのが、本当の課題である。

少し横道にそれたが、造形ワークショップへの参加を呼びかけるこの企画書は、チラシやポスターなど様々な形で展開される。

第三段階企画書は呼びかけのツール

第二段階企画書は、ファシリテータと協力支援をする団体や協力者との間で共有される詳細な内容のものであった。これに対して、**第三段階企画書**は、不特定多数の人々に呼びかけるのだから、簡潔明瞭でなくてはならない。目的や目標も長々と文章で書くよりも、キーワードを中心にして書くとよいだろう。一方で、全体会場の入場料金やワークショップ参加費が必要な場合は、明確に示すべきである。

図表11に第三段階企画書の項目を示した。

これをポスターのような一枚で仕上げるときは、もっと簡単な記載事項になるだろうが、くれぐれも、企画名や簡単な目的、日時や場所、参加費、主催者名などは忘れないようにしたい。安全上のリスクというと大げさだが、「動きやすい服装でご来場ください」「衣服が水彩絵の具で汚れる可能性があります」という情報は参加者にとって

図表 11　第三段階企画書

「企画名」

年　　月　　日　氏名等

1　目的・目標

〔内容を、簡潔なキーワードで誰にでもわかるように記す。目的や目標という言葉を使わなくても、企画内容についてファシリテータが考えていることを魅力的に伝えられるように〕

2　年月日・時刻・会場

〔参加者に関係する開場時刻、開始時刻、終了時刻など〕

3　参加費や制限など

〔年齢制限、入場料や参加費などがある場合は明記する〕

4　主催者・連絡先

〔連絡先はウェブページやメールアドレスなどでもよい〕

5　ワークショップの概要

〔簡潔な内容を示す〕

6　その他

〔記録写真撮影、使用作品の活用、第三者による取材など個人情報や著作権等にかかわる事項がある場合は特記する。また安全上の配慮などリスクを伴う事項は正確に記述する〕

大切である。

なお、私はこの段階の企画書を、現場のスタッフ全員用にもう一つ作ることを通例にしている。これは第二段階企画書のうち、現場には不要な予算等を削除して必要な部分だけを残して、さらにファシリテータ一人ひとりの担当日や担当分野を追記した表を載せ、現場でなくさないようにホチキスどめで担当者氏名を書き込んだものである。第二段階企画書は協議のなかで複数のバージョンが作られるだろうから、ファシリテータや協力者が多い場合は最終版からこの現場用を作ることをお勧めする。

すでに例にあげた二〇〇八年のフェルトを使う企画では四頁のパンフレットを来場者、とくに参加する子どもたちの保護者に説明するために会場で配布した。このうち企画説明部分の一頁と二頁を図表12として、掲載する。

この造形ワークショップは、一五～三〇分で、手のひらサイズの毛糸のかたまりが作れるのだが、本来は「NHK歳末・海外たすけあい」という全体の企画目的

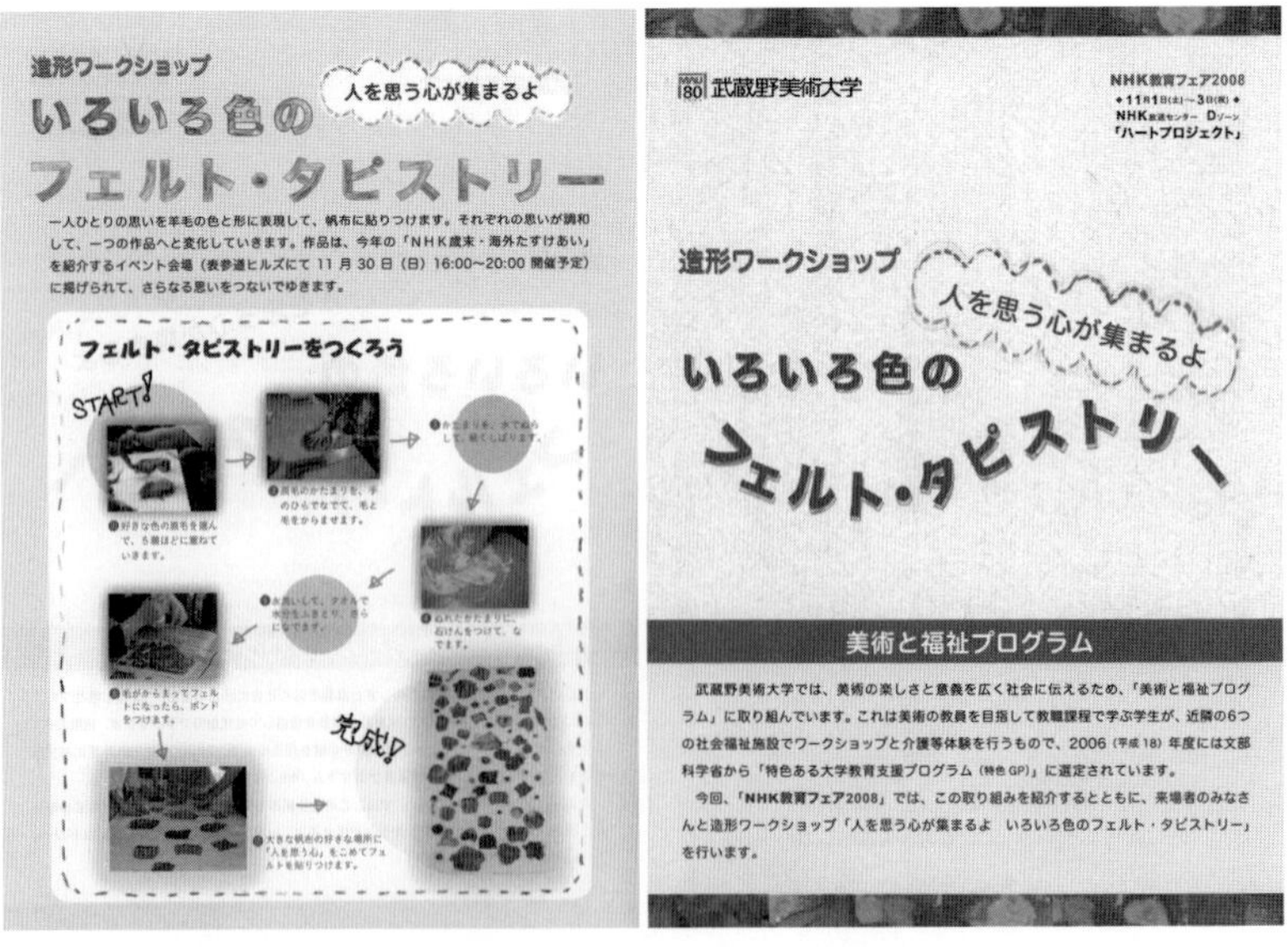

図表 12　「いろいろ色のフェルト・タピストリー」パンフレット（サイズ：A4 判）
右：表紙ページ、左：2 ページ目

を具現化した「人を思う心が集まるよ」という目標のもとでの、タピストリーの共同制作である。しかし、自分の作ったかたまりを帆布に貼って満足できる子どもと、それが残念に思う子どももいる。なぜ帆布に貼っていくのかという説明とともに、それがどうなるかも説明する必要がある。図表12の二頁目（左）にあるように、一一月末には表参道ヒルズで行うＮＨＫのイベント会場に飾られるから、それも楽しみにしてくださいという説明が必要だったのである。

本章では、目的や目標という用語を使うことで、ファシリテータによる企画書のあり方を考えたが、とくに子どもたちの参加者にとっては、「なぜ作るの」「どうなるの」ということがすとんと腑に落ちる言葉が必要なのである。もちろん、それで十分だとは思わないし、実は参加した三日間約七百名のうち、数十人は揉みつづけた毛糸のかたまりに愛着が湧いて貼らずに持って帰った。それもまた造形ワークショップの参加の選択肢としてありうるものであろう。なお、私も空いた時間にカエルの形のかたまりを作ってしまったので、貼るに忍びなかった。

個人情報などの留意

これは第6章の記録力の説明でも述べることだが、造形ワークショップのなかで蓄積される**個人情報**の保護については、この段階での来場者用の説明書で明記するなどの工夫が必要である。こうした権利保護で蓄積のある公共機関や企業などでは標準のルールや書式があるので、それを使用するのがよい。

例えば、会場でつくった作品やその写真、報告などを後日参加者の自宅に郵送するという丁寧なフォローをする場合、記載してもらう氏名、郵便番号、住所などは個人情報に該当するので、その情報の用途などを説明書や名簿用紙などにきちんと書いておく必要がある。次のような文章である。

ご参加のみなさまへ
この名簿に記載していただいた氏名、郵便番号、住所などの情報は、この造形ワークショップの終了後二月に予定している報告書の送付先として使用いたします。また来年度にも企画を予定しますので、その御案内のはがきもお送りする予定です。送付が不要な場合は記載なさらず、また後ほど不要になった場合や住所変更がある場合は、パンフレット記載のメールアドレスまでお伝えいただきたく存じます。

つまり、この例では個人情報活用の目的として報告書と次回案内の送付を具体的に記載し、さらに事後的な訂正の方法を明記している。このように個人情報の活用と管理について明確にしておくことが必要である。また、ワークショップの記録を動画や静止画で撮影する場合も、用途を明確にして説明書などに書いておく必要があるが、顔写真など個人が特定できる情報が含まれるときは書いてあるだけでは不十分である。ウェブページや印刷物、次回のチラシといった公開されるメディアに掲載される場合は、個人ごとの許諾が必要であり、未成年者の場合は本人だけではなく保護者の許諾を得る必要がある。生き生きしたものづくりの表情を撮影したいと考えるのは当然であるが、それを記録として公開するためにはきちんと本人の許諾が確認できるように記録を作る必要があり、そのプロセスを盛り込むのであればきちんと手続を踏まえておく必要がある。この点や著作権の扱いは、第6章で再度論じる。

なお、第二段階企画書や第三段階企画書を作成するときに便利なチェックリストを図表13に示したので活用してほしい。

図表 13　企画書チェックリスト(ポスター・チラシを含む)

項目	チェック	チェック内容
タイトル		企画名とキャッチフレーズなどは明確に読み取れるか。
		大文字小文字や記号などはすべて統一されているか。
年月日　時刻		年月日は曜日も含めて間違いないか。
		時刻は開場時刻、開始時刻、終了予定時刻など区分しているか。
会場		会場の正式名称や通称などは間違っていないか。
		住所、受付経路、案内図などは間違いないか。
本文など		固有名詞の間違いはないか。
		年齢によりわからない言葉や不快用語は配慮されているか。
		組織外の人が見たときに意味不明となる内容はないか。
参加費		参加費の有無や金額などは明示されているか。
		単価や総額などで消費税が含まれるかどうかは明確化できているか。
		質問がある場合、参加費の根拠などは説明準備があるか。
制限		人数制限、年齢制限などがある場合は明示されているか。
		保護者同伴や保護者控室などがある場合は明示されているか。
		質問がある場合、制限の根拠などは説明準備があるか。
主催者		主催者名称や住所などに間違いがないか。
		共催・後援・協賛・協力などの区分や団体名に間違いがないか。
		問合先は事前も当日も、可能なものが明示されているか。
説明責任		企画書は協力者などに説明したか。
		全体の主催者、会場提供者、参加者(保護者等)ごとに企画説明した内容や寄せられた意見・要望を記録したか。
個人情報保護		個人情報保護や制作記録等の実施や制作作品の帰属や著作権などの事項は明記されているか。明記されていない場合は、どの段階でどのように説明するか。
		未成年者の個人情報保護などは、保護者への説明があるか。明記されていない場合は、どの段階でどのように説明するか。

ここまで企画力について、実際のプロセスに即して論じてきた。第1章の図表7（五九頁）で示したように、企画力が最も発揮されるのは造形ワークショップを発想するスタートから実施に至るまでの時期であり、それが最後までつながっていく。この企画力を具現化したのが、企画書である。ここでは発想をまとめる第一段階企画書、企画を伝える第二段階企画書、参加を呼びかける第三段階企画書として、実現までのプロセスに対応して参考例をあげて説明した。

私は、カンとコツに頼りすぎた従来の造形ワークショップに対して、美術にかかわる専門家とそのまわりの人々が広くワークショップに携わるための能力、つまり造形ファシリテーション能力とは何かを明示するために模索するべきだと考えている。このため本章では、自分自身の体験から具体例をあげていったが、そうした方式を何か標準にしようとする意図は持っていない。スタイルはそれぞれが考えればよいのであって、考えるための参考が必要だから本書に例示したのである。発想をまとめるには紙一枚や携帯電話のメモ機能でも十分だし、企画を伝える企画書もＡ４判一枚でよいし、参加を呼びかけるのも肉声で足りる。ただ、そんな形で進める人にもこの例示が参考になればよいと思った次第である。

ここで論じた企画力は単独で発揮される能力ではなく、次章で見る組織力が発揮されるためのアイデアとメディアづくりの力であるし、記録力は企画書の存在が前提となる。ただ、企画を練るという行為は、ある意味では孤独と言ってよい造形の専門家の独創性に根拠を持つものであるから、造形ファシリテーション能力の眼目としてこの企画力は大いに強調されなくてはならないと考える。

註

1　高橋陽一「教学局と日本諸学振興委員会」駒込武ほか編『戦時下学問の統制と動員』東京大学出版会、二〇一一年。

2　高橋陽一・伊東毅『道徳科教育講義』武蔵野美術大学出版局、二〇一七年。

3　高橋陽一『新しい教育通義』武蔵野美術大学出版局、二〇一八年。

Q&A：授業で寄せられた質問から

——企画のためのファシリテータの話しあいはどのぐらいするべきですか。（受講終了後に実践に取り組む学生から）

その相談をよく受けます。実は長い会議で、うんざりした経験があるのではないですか。それぞれの都合を出し合い、最初に会議の終了時間を決めておくことが必須です。そして会議が終わる頃に、必ずまとめを確認して、次回の会議の日程も決めましょう。そんなことは、子どもの頃から当たり前だったと言われるかも知れませんが、学校の教師もファシリテータも、ついつい制限のない会議をしてしまうことがあります。図式的に言えば、冒頭に、本日の会議の話題と、議論の進め方と終わり方を設定して、最後に、まとめと今後の予定を確認することです。

——企画書の完成度は、どこまで追求するべきですか。（受講終了後に実践に取り組む学生から）

企画書は、対話のためのツールですから、完成することはないと思います。何度でも作り直して実践に至るものだと思います。ご質問の「完成度」は、精度や品質ということだと思いますが、これは、誰に、どこで、提示するかによるでしょう。

また、安全性がポイントか、資金がポイントかなど、重視するべき点は説明する相手によっても違うと思います。図表13にチェックポイントを示しましたが、事項のすべてを満たす必要はないと思います。また、長すぎる企画書も、相手に不親切になるでしょう。私は、企画書は両面でも一枚以内がよいと思っています。

練習問題：深い学びのために

本章で説明した企画力について、第3章で見た学校教育における資質・能力論と関係づけて論じてみてください。例えば、知識及び技能、思考力・判断力・表現力等、学びに向かう力・人間性等という資質・能力の三つの柱という議論と、ファシリテータが持つ企画力はどんな関係になりますか。さらに、ワークショップは参加者の能力獲得自体が目的ではありませんが、手法としてのワークショップという考えから学校教育に導入したときに、子どもたちにどんな能力を育むことになりますか。

参考手法：企画書ポートフォリオ

実際にワークショップを実施する場合は、膨大な参考資料や討議メモが蓄積されていきます。のちに述べる「記録と表現」のためにも、こうした資料をまとめることが大切です。

企画書ポートフォリオは、分量が少ないなら紙挟みとして、封筒やクリアフォルダに入れてもよいでしょう。しかしそれでは乱雑になりますから、第三者に見せたりファシリテータで共有することを考えるならば、クリアファイルに作成月日順に入れていくのもお勧めです。

私自身の経験では、紙製の二穴ファイルが最強だと思っています。理由は安いことです。背表紙と表紙に年と企画名を書き、表紙に内容を書きます（図表14）。実はこれがポイントで、紙製の二穴ファイルは表紙にいろいろな情報が書き込めるのです。「二〇一九年三月一日　第一回企画会議」「五月五日提出企画書案」などと表紙に集録した順番に書き込みます。

明治維新政府は近代国家として公文書の保管と活用を考えました。こうした役所の公文書の最初には、必ず手書きの目次があります。国立公文書館などに保管され編綴された文書は、一〇〇年以上が経過しても、複雑な文書が最初の数枚でわかるのです。話が古くなりましたが、一年たてば人間は忘れるものですから、是非とも企画書はまとめておいて、その表紙か最初に目録をつけておきましょう。

なお、二穴ファイルはパンチで穴を開けるので、これを嫌うクリアファイル派も多いですね。またこれからはスキャナを使って電子情報で蓄積する人も増えていくでしょう。

図表14　二穴ファイル表紙の書き方

〔表紙〕

年度実施

企画名

年　月　日　会議

年　月　日　○○企画書

年　月　日　○○アンケート

参考資料：さらに読み解くために

ワークショップの知見を広げるには、様々なワークショップに参加したり、その実践記録や手法研究を読むことが大切です。本書と重なる「美術と福祉プログラム」関係者がワークショップ実践例を収録した書籍としては、一〇の事例を掲載した高橋陽一編『造形ワークショップ入門』があります。

ワークショップのアイデアを広げたい人は、小学校などの美術教育の指導書類がお勧めです。美大生やプロが研究用に読む技法書もいいのですが、初歩的な技法書のほうがイメージが広がることが多いですね。美術の教員にとっては日常的な知識及び技能を伝える授業が、手法の変化によって造形ワークショップに変化することも珍しくありません。

第5章
組織力――コミュニケーション能力とプレゼンテーション能力

キーワード

組織力　コミュニケーション能力　プレゼンテーション能力
チーム学校　参加者　ファシリテータ　見守る　相談　発声
集団　個人　不特定多数

要　約

ワークショップを支えるファシリテータには、人と人をつなぐ組織力が必要である。集団としての組織は、一人ひとりの個人で形成されるが、ファシリテータはワークショップを企画する集団の一員でありつつ、専門性を持つ一人の個人として参加者を支える立場である。これは学校改革のキーワードであるチーム学校にも共通する。プレゼンテーション能力を高めるには、企画書の説明方法や情報機器の活用方法のほか、発声や挨拶などの基本的なものが大切である。コミュニケーション能力を高めるには、コミュニケーションは相互行為だという認識が前提である。参加者を見守ることや、参加者からの相談を受けることなど、多様な形のコミュニケーションがある。実際のワークショップでは参加者は学校のクラスのように集団として存在するよりも、不特定多数の形で参加することが多いので、ファシリテータには臨機応変な対応が必要である。

第1章で列記した企画力、組織力、記録力のうち、この章では二つめの組織力のあり方について考えてみよう。ここでファシリテータが持つべき「**組織力**」というのは、人と人を結びつける様々な能力を総称するものとして使いたい。具体的には、ファシリテータが参加者や協力者に呼びかけるための**プレゼンテーション能力**や、様々な対話を促進するための**コミュニケーション能力**や、人との関係を持続していくための組織をつくったり、組織と人との関係をつくりあげたりする狭義の組織力と言うべきものなどである。

「組織」や「組織力」は、企業や学校などでは普通の言葉になっているが、人と人を結びつける力という意味から、結果として成立した組織そのものが持つ力という意味も出てくる。ここでは前者の意味で使用しているが、集団をめぐる問題はワークショップのあり方にも関係するので、まずそのことから考えてみよう。

第一節　集団か個人か

一斉教授のための技術

第1章で見たように、ワークショップを論じるときに「**集団**」に力点を置く定義や実践が多くある。「参加体験型グループ学習」といったふうに、参加者がグループや小集団となる側面が強調されるのである。実際の現象あるいは方法として、こうしたことを否定するつもりはないし、私自身もそうした手法はファシリテータが身につけるべき有益なものだと考えている。ただし、人々を集団として扱うことは、それは**陶冶**の構造の、つまり学校教育の方式によるものである。**教化**の構造であるワークショップ、ワークショップとしか言えないワークショップの本質は、**個人**としての**参加者**への着目にある。

突如集まった人たちが一斉に精神力を集中して何かをするというのは、不自然きわまりない事態である。古代でも現代でも、意志を持って参加した大人たちならば、劇場でも講義の場でも黙々と注目をしているが、子どもたちはそうはいかない。二〇世紀末から日本で着目された「学級崩壊」は現在でもよく起きているのだが、教師や保護者が倫理的に原因を深刻に考える前に、まずそれは自然に還ったということであり、子どもたちが一斉に教壇を注目することが不自然だったという前提から考え始めるのがよい。歴史的には、初等教育の子どもたちのための一斉教授法は、一九世紀の西洋でようやく定着した技術であり、日本では明治初年の近代学校導入とともに輸入された技術であるから、まだ百数十年の歴史しか持たない。江戸時代の手習塾（寺子屋）は一斉教授ではなく、多人数で多様な年齢の子どもたちへの個別の指導である。一斉教授が成立するためには、子どもたちの自然な態度をどう人為によって合理的に制御するかという学校教員に求められる技術があり、それを支える保護者たちの理解と努力が必要なのである。

子どもを集団として統御する技術は困難なものであり、この技術は西洋でも学校教育以外の場から移入された。人間の集団を最も合理的に動かす技術は、洋の東西を問わず軍隊の指令法である。古代のギリシャ・ローマや中国でもその技術は洗練されたし、異民族の動員や傭兵の採用、さらに密集形から散開形へと様々に変遷しつつも、現代に至るまで号令のとおりに動くための規律訓練は基本になっている。この技術を移入したのが、近代学校の教場指令法である。

おそらく、教室での「起立」「礼」「着席」や、もっと軍隊式な「気をつけ」「前にならえ」「右むけ右」などの号令は、地方のバリエーションが多いが、何らかの形でほとんどの読者が学校教育で経験しているだろう。明治維新後の近代学校が進むなかで師範学校に兵式体操が導入され、男性の学校教員に徴兵上の特権や士官待遇が与えられ、大正期からは学校教練や学校への将校の配属などが進んでいくことは教育史の概説的知識である。**教育勅語**の時代には、臣民が一致団結して天皇のために尽くすことが強調された。ただし、子どもたちの挙動にまで影響した軍隊起源の教場指令法については、必ずしも知られていないようだ。一九世紀アメリカで定着した教場指令法が、アメリカ人の御雇教師スコット（Scott, Marion McCarrell）らによる一斉教授法とともに師範学校を通じて日本に明治初年にもたらされて、次第に学校に定着していくことは、佐藤秀夫[*1]や杉村美佳の研究[*2]によって明らかにされたことである。

このように考えると、ワークショップでの「集団」への注目は、日本のワークショップが連合軍総司令部民間情報教育局によって**戦後教育改革**で移入されたという第1章で見た直接の起源でもそうであるが、戦後の改革で対象とされた明治以来の近代学校教育もまた西洋軍隊流の教場指令法により秩序づけられた一斉教授であるという、二重の軍事的な起源を持つことになる。もちろん、こうしたアメリカ経由の集団への視点とともに、戦後日本の生活指導で重宝な技術だったロシア経由の集団主義教育という教育思潮もあるのだが、いずれにせよ、近代学校の成立や二〇世紀当初の世界的な教育改革運動の所産である。それが私たちが経験してきた「集団」へのこだわりとして、いまも様々なワークショップのあり方に影を落としていることになる。こうした個人を統御するための技術は、たしかに合理的で教師側にとって使える重宝なものなのだが、参加者個人のための技術とは簡単には言いにくいだろう。

学校教育の陶冶構造と異なる「ワークショップとしか言えないワークショップ」、とりわけ秩序づけから解放された**反教化的教化**としてのワークショップを考えるときには、まずはこうした軍隊から近代学校へと移入された集団を統御するあり方から、疑っていくことが必要であろう。

個人としての参加者

実際の造形ワークショップの参加者は、一人ではなく複数であることのほうが、普通である。その意味において、造形ワークショップは、学校での美術教育と接近している。指導や評価をしないはずのファシリテータという立場に求められる組織力としても、一斉教授法のための教師の技術、例えば大声で「はーい、注目して」「じゃあ、開始」という号令や、黒板や掛図（掲示物）などの明治以来の学校教育のツールが、便利であることもたしかである。

しかしながら、こうした技術を知りながら、私たちが**ワークショップとしか言えないワークショップ**を「参加者が主体となった教育であり、その過程や結果を参加者が享受することを目的とするが、その知識や技術の習得や資格の取得などを目的とせず、さらに準備して見守るファシリテータは存在しても、指導して評価する教師が存在しないもの。」と把握したときには、近代学校の便利な技術から、ファシリテータは意識してあえて距離をとるべきなのである。つまり、徹底的に個人としての参加者、つまり参加者一人ひとりを見守ることが求められる。

もちろん、人間は一人だけでは生きていられないから、社会や集団から切り離して単純に「個人」という言葉を使うことこそが近代の偏見だという少なくない哲学的見解があることは知っている。それは肯定したうえで、集団を対象とした近代学校の方法論から距離をとって、あえて個人としての参加者に注目することで、これから述べようとする組織力、人と人を結びつける能力の前提としたいのである。

ファシリテータをめぐる個人と集団

なお、**ファシリテータ**も同様に、専門性を持った個人であるとともに、ワークショップ企画の臨時の団体や恒常的な企業・機関という集団のメンバーでもある。実際の組織の職位・職階や指揮命令系統は様々であろうが、参加者に接するときには、ファシリテータという一個人として対応することになる。

官僚組織や軍隊では古代から指揮命令系統が整備され、近代化のなかで民間の企業・団体も整備が進んだが、教育の場では、一人の教師が学問や文化を背負って学習者に対応するのだから、実は指揮命令系統は漠然としている。もちろん律令制度の大学寮にも江戸幕府の昌平坂学問所にも大学頭《だいがくのかみ》を筆頭とする職位は存在するのだが、教育の基本は教師が生徒に教えるという陶冶のスタイルで完結している。意外に思えるかも知れないが、学制以後の近代の学校も、基本は教師（訓導、教諭など）が児童・生徒を教えるということで、筆頭の校長という職位さえ整備が遅れていた。この形で、戦後教育改革に至るのである。明治期から教員の免許状の種類による立場の格差はあったのだが、近代の官僚組織の一部として近代の徴兵制度を支えた学校の教員組織が、平坦で単純な、校長と多数の教諭で基本が形成されたことは驚きでもある。

この整備は、戦後教育改革が終わって、しばらくしてからである。校長を支える教頭が昔からいたと思っている人が多いが（昔の教頭は校長の別称）、制度化したのは、一九五七（昭和三二）年である。次いで一九七五（昭和五〇）年に学年や教務などで教諭をとりまとめる主任制度が導入されるが、このときには学校のあり方を壊すとして主任制反対闘争まで起きたぐらいである。ついで二〇〇七（平成一九）年に副校長、主幹教諭、指導教諭という中間管理職が整備された。この指揮命令系統の整備からすでに一〇年以上が経過するが、都道府県ごとに新しい職位の導入は多種多様であり、「副校長って聞いたことがない」という地域も少なくない。

いくら職位や官僚機構を整備しても、現場の仕事が変わるわけではない。子どもは教師を「主任」や「教諭」とは言わず、誰でも平等に「先生」と呼び、校長にまで「校長先生」と言う。一方で官僚組織の整備は文書管理業務を増やして、授業以外の課外活動などに多くの時間を割いた。こうして国際調査によると世界で最も労働時間が長いのは、日本の教師という実状となったのである。

これに対応した文部科学省の施策が、二〇一五（平成二七）年一二月二一日の中央教育審議会答申「チームとしての学校の在り方と今後の改善方策について」によって提起された、チームとしての学校つまり**チーム学校**である。校長のもとで教師や事務職員をチームとして捉えて、さらにスクールカウンセラー、スクールソーシャルワーカー、部活動指導員などを整備して、非常勤職員や地域のボランティアも含めて学校にかかわるチームとして結束するという考えである。この考えは、縦系統の組織整備に対して、横系統の一体的なチーム概念を提示したところに眼目がある。それぞれが専門性や職位などを持ちながら、一人ひとりが「先生」として子どもたちに向き合う環境を整備しようとするものである。こうしてチーム学校もまた、個人を重視して集団をつくり上げる組織整備の最新の事例だと言えるのである。

第二節　プレゼンテーションとは

プレゼンテーション

第4章では企画書を三つの段階に整理して考えた。ファシリテータが何人かいて第一段階の企画書で相互にプレゼンテーションしあうこともあるが、最も多いのは、第二段階の企画書を整えたときに、協力者や全体企画の主催者などに対してワークショップ企画の理解を求めるプレゼンテーションを行うことであろう。もちろん実施に近づいた第三段階の企画書を参加者に呼びかけることもまた、プレゼンテーションと言える。

プレゼンテーションという言葉は、企業が事業に関する提案を企業内外に行うときに定着した言葉であるし、デザインや建築などの世界でもよく使われる言葉である。発表や提示という意味のプレゼンテーション presentation は、贈り物の外来語として定着したプレゼント present という名詞や動詞から派生しているし、現在や出席を意味する形容詞や名詞の present もまた語源は同じである。語源は、ラテン語の pre《プレ》という前を意味する接頭語と sum《スム》という存在することを意味する動詞に至る。前にあること、前に置くことと思えばよいだろう。この原義からすると、まだ企画でしかないものがプレゼンテーションによって目の前にあるごとく提示されなくてはいけないのだ。

プレゼンテーションは海後宗臣の言う三つの教育構造では、ほぼ**陶冶**の構造で行われる。つまり発表者たるファシリテータは教師役で、聞き手の協力者などは生徒役である。ただ学校教育の陶冶構造と違うのは、評価するのは教師役ではなく、生徒役の聞き手側なのである。だからファシリテータには教師に求められる伝える側の努力や技術と、生徒に強いられる評価される側の緊張感との、両方が課せられることとなる。これほど厳しいことはない。そして、陶冶の構造の成立に必要な教材に相当するのが、企画書である。

企画書を使ったプレゼンテーション

プレゼンテーションで最も大切なことは、相手のある行為だという意識である。

学校教育の教材は子どもたちの年齢や学習経歴を前提に用字用語まで細心の注意を払って作成されるものであるが、**企画書**をツールとしたプレゼンテーションでも同様な注意が必要となる。プレゼンテーションの相手は、企画に関心を持った協力者や、全体の企画を主催している組織の代表であったり、施設の管理責任者だったり、様々であろう。この人たちは、知識と注意力を持った人物であるとともに、組織の責任や参加者に配慮する義務を持つ立場の人たちである。企画書は、そうした人たちに見せて理解と信頼を求めるためのメッセージ、つまり宛先のある手紙と同じ性格がある。

例えば、商業施設の外壁に地域の子どもたちが絵画を描くワークショップを、全く縁故のない条件で行うと仮定してみよう。まず必要なことは、調査である。どんな特徴の施設で、どの壁面を使いたいかといったことは企画書を作るために調査するだろうが、忘れてはならないのが、相手である。その商業施設はウェブページや広報物で地域貢献の考え方を打ち出しているかも知れないし、芸術についての考えを持っているかも知れない。その施設を経営する企業や個人、関係する店舗や参加者となりうる子どもたちの様子などを知っておかないと「どこにでもある企画書」になってしまう。宛先のある手紙と同じように、企画の内容に相手が登場する呼びかけでなければならない。

次にプレゼンテーションのアポイントメントである。突然の飛び込みであれば門前払いを覚悟することは当然だろう。まずはお願いの手紙を自筆で書くのが普通であり、さらに目的を明確にするためにはそこに企画書が同封されていることが望ましい。直接に事務所や担当の方を訪問してアポイントメントをもらうならば、立居振舞いで信頼性を判断されるという緊張感を持つべきだろう。電話であれば時に声だけで印象が決まる。きちんと意図を伝えて具体的に説明する機会をもらわないといけない。

そうしてやっと、プレゼンテーションが始まる。商業施設の管理者なら、日頃から企業の営業担当者の対応に慣れているから、まずは挨拶をして名刺の交換だろう。学生の場合でも、自分の連絡先を書いた名刺をプリンタで作るくらいはしておきたい。そしてその場に説明に出向いた全員がどんな立場で、いまから誰が話をするのかを自己紹介しておく。「私はこの町に住んでいます。先月、私の通っていた大学の学生たちが商店街の塀を使って壁画を小学生たちとつくったのを見て感動したのです。私の町でもやってみたいと思ってここに同席する同じ学部の友人二人と話しあいました。この企画が実現するなら、私たち三人が責任を持って最後まで努力したいと思います」。こうした言葉を相手の表情を見ながら、穏やかに語れるようにしたい。

そして用意した企画書を、聞いてくださる方一人ひとりに手渡しして、約束した時間内で説明を行う。プレゼンテーションに手慣れた人には自分の話が注目されるように書類は後で渡すという技術もあるのだが、それは本当に慣れてからにしておくほうが無難である。

企画書を渡して説明を始めれば、まず視線は企画書に向かう。企画書を説明するとは、企画書を読みあげることではなく、企画書の要点をきちんと述べたうえで、与えられた時間にふさわしく企画の意義や魅力を自分の言葉で語ることである。「一つめの項目をご覧ください」「企画書には書いていませんが、子どもたちとのワークショップの経験をお話しします」「企画書の五つめの項目にある水溶性塗料を持ってきました。こちらです」と、企画書と自分の言葉がきちんと関連づけられて、読んでわかる、聞いてわかることが大切である。

先ほど、プレゼンテーションは目の前にあるように提示することだと言ったが、最も心がけたいのがその点である。職業柄から話すことに慣れている人は大丈夫だろうが、そうではない場合は、事前に練習をして話す声量、速度などを友人にみてもらうのがよい。少ない人数のプレゼンテーションならば話している最中に質問があったり、いろいろな場面がありうるが、そうした場合も落ち着いて対応したい。

説明が終われば、質問があるだろう。考えていなかったことで即答できない場合も、「これから考えて、次の機会にお伝えします」と答える落ち着きが大切である。聞いた側の心が動いて、実現の可能性を考えたいとしたら、リスクや負担についてのむしろ否定的な質問が出るはずである。「塗料などの費用は誰が負担するのか」「壁画は落書きを誘発しないのか」「塗料が退色してきたらどうするのか」。そうした想定できる質問には、事前に先行する例なども調べて、具体的に回答できる準備をしておくことが望ましい。

こうしたケースでは、次の話しあいのアポイントメントがもらえたらまずは成功だと言える。断られても、厳しく批判されても、話を聞いていただいたお礼を述べて、退出時の挨拶はきちんとすることを忘れないようにしたい。相手のなかに最後まで残る印象は、次の機会につながるものだからだ。

情報機器を使ったプレゼンテーション

数人で事務所を訪問するときに一番便利なのは企画書だけでできるプレゼンテーションだが、それなりの人数を対象にしたときには、様々な**情報機器**を使いたくなる。二〇一八（平成三〇）年度の授業「ワークショップ実践研究」で、昨年度既習の学生たちに、実際の企画運営スタッフを受講学生から募りたい人は一〇分でプレゼンテーションをしてほしいと言うと、応じた四グループすべてがパソコンの画面のプロジェクタ投影やＤＶＤ再生で、画像と音声によるプレゼンテーションを行った。

こうした情報機器を使うときに一番忘れてはならない重要な点は、「情報機器は動かないかも知れない」という覚悟である。正確に言うと、プレゼンテーションで突然に機器が機能しなくなることを計算して準備しなくてはならないということである。

機器操作の習熟や、プレゼンテーションの前に動作確認をしたりするのは当然だが、本当に動かなくなったらどうするかは必ず考えておくべきである。企画書だけでどこまで話せるか、画像を別の手段で提示できるかなどを考えておきたい。動かなくて何もせず数分間、機械の前に立ち往生では、それだけでプレゼンテーションは失敗だと言える。とくにパソコンとプロジェクタの接続の方式（ＨＤＭＩか音声を別接続するピン式か、ＵＳＢ等の形状はどうか）は事前に確認しておく必要がある。

パソコンの画面を投影してプレゼンテーションをする場合、マイクロソフト社のパワーポイントを使用する人が多い。これは定評のあるソフトであるが、あくまでもディスプレイやプロジェクタに提示するためのソフトである。パワーポイントは、動画や静止画を結合させて見せたり、文字やグラフをカラーで見せる点で説得力のあるプレゼンテーションを可能としているが、当たり前のことながら、画面は横長の長方形だし、そこで可読な文字数などは限られてくる。これをそのまま「企画書」に印刷すると極度に説得力の低い印象となり、間の抜けた文章ができあがる。デザインや建築はもちろん、企業や行政の企画提案のプレゼンテーションでもこのパワーポイントが花盛りである。プレゼンテーションが上手でも、その画面をそのままプリントしたものを企画書と題して渡されると、技術力や誠意の低さをプレゼンテーションされた気分になる。

自分自身がファシリテーションしたワークショップの先例がある場合、ＤＶＤ再生機などを活用して動画を見せることは効果的である。ただ、こうしたプレゼンテーションで必須なのは動画の記録と再生のソフトだけではなく、編集ソフトである。現代人はテレビ等の動画に慣れているので、特別な関心があって画面に注目する以外は、ただ動画が示されただけでは注意力が長くつづかない。文字説明のテロップを入れることが困難だとしても、プレゼンテーションの時間にあわせて見せたいシーンをつなぐといった工夫は必要である。また、現場の様子を示した記録の場合は、活動写真の弁士のように、説明を口頭で加えることも必要となる。

実物やポートフォリオを使ったプレゼンテーション

造形ワークショップの特徴を活かすためには、実物を使ったプレゼンテーションが最も迫力がある。以前に作成した作品の**実物**、実験的に作成した見本、使用する道具や素材などである。

また、実物ではないが、すでに多くのワークショップのファシリテーションを行っている場合は、その企画書やポスター、チラシ、制作物の写真などをまとめた**企画書ポートフォリオ**を持って行き、回覧することも効果的である。作家やデザイナーとしての実績を積んだ人ならば、その専門分野での作品や実績をまとめたポートフォリオを活用すると、自己紹介としてだけではなく、ファシリテーションへの信頼性を高めることができる。

こうした実物は、大きければ大きいほど、多ければ多いほど迫力があることはたしかだが、それだけ効果が高まったかどうかは、慎重に考えておくべきである。プレゼンテーションはあくまでもプレゼンテーションなのだから、展示会ではない。時間や相手に求める集中力によって加除選択するべきである。

使用する道具や材料の安全性などに関心が集まっている場合は、実物とともに製品メーカー側の説明書なども用意しておくのがよい。画材の顔料などの安全性は大きな関心事である。塗料等メーカーは小さな文字でも製品に各種の注意事項を明記している。アレルギーに関する事項も留意するべきで、子どもたちの発達段階、高齢者の加齢による手先の不自由さも留意するべきである。第2章で強調したが、**共生社会**におけるワークショップは、理想や空想ではなく、実際の実物としてたしかめることから始まっていく。

過去の作品を持参することは、とても効果的であるが、プレゼンテーションの相手が美術分野の専門家である場合は、見識のある人でもなぜか作品自体の美的価値に関心がいってしまうことがある。もちろん「楽しい」ということを伝えたいのであるが、完成度や技巧等が中心になると、造形ワークショップの目的から外れてしまう。このあたりは、プレゼンテーションできちんと述べておく必要があろう。

口頭のプレゼンテーション

二〇一〇（平成二二）年に通学課程の「ワークショップ実践研究」の授業で、参加者が必ず二回のプレゼンテーションをするようにしてから気づいたことは、声が小さいという現象である。このことは昔から教職課程の学生の模擬授業や教育実習の研究授業でも言われてきたことである。受講者は美術大学の学生で、発声の訓練を受けていないので、悲惨な状況であった。

口頭のプレゼンテーションでは、ファシリテータは**発声**のトレーニングが必須である。声の出し方、速度、さらにはその調子などである。「ワークショップ実践研究」では、現代音楽の声楽家で、幼稚園教諭などのトレーニングにも実績がある松平敬を招聘して、年に一回だけだが発声トレーニングを実施している。そもそも、意識的に発声すること、相手に声を伝えるという意識から始めて、大きめの教室でも届くような姿勢を整えた発声を行っている。

ちなみにマイクがあるではないかという議論がある。身体的に発声が困難な場合はこうした機械の使用は当然である。しかし、企業の会議室でも、屋外のワークショップ会場でも、スピーカーや拡声器がないのは普通であるから、口頭での発声のトレーニングはしておくべきである。

なお、口頭プレゼンテーションで決定的に重要なのは、発語と結語である。最初に「みなさん、これから、」と呼びかけた**挨拶**ができるか、終わりに「ご清聴ありがとうございます。」と挨拶ができるかは、重要である。挨拶するという儀礼は、コミュニケーションの相手として認めるという最低限の意思の表明である。そして機能的には、「ここから始まる」とか「ここで終わる」という、開始と終了の表明である。こうした技術を活用しないのはもったいない。

なお企画書や、情報機器で提示するプレゼンテーション画面などに表示があっても、企画名と氏名や主催団体名などをきちんと言うこと、可能であれば繰り返すことも、重要な技術上のポイントである。

第三節　コミュニケーションとは

双方向の行為

コミュニケーションが双方向の行為だというのは、誰でも知っているはずである。ところが、前節のプレゼンテーション能力と似た一方的な表現能力という意味に捉えてしまうケースがある。たしかにこちらから伝える能力もあるが、相手から伝えられたことを理解する能力と、さらにその双方向の行為を促進して実らせる能力の総合が、コミュニケーション能力である。

英語の名詞 communication や動詞の communicate は、ラテン語の commūnis《コムーニス》という共同や共通を意味する形容詞に遡り、com《コム》は「共に」を意味する cum《クム》であり、義務や成果を意味する mūnis《ムーニス》という形容詞や mūnus《ムーヌス》という名詞にまで遡る。語源的にも、コミュニケーションは、一緒にやっていくことを意味するのである。

参加者を見守ること

コミュニケーション行為は、社会の様々な場面で行われているが、ワークショップで必要となるコミュニケーション能力は、ひょっとすると例外的なのかも知れない。なぜならば、事前にきちんと準備されたワークショップでは、ワークショップが始まったときにはファシリテータは後ろに下がって見守っていることが仕事なのだから。したがって、学校教育の陶冶構造での教師と生徒のコミュニケーションのように、教える・教えられる、指導する・学習する、といった双方向のコミュニケーションは、必要不可欠な説明のほかには、なくてよいはずである。

しかしながら、言語による相互関係だけではなく、ファシリテータの「**見守る**」という行動もまたコミュニケーションの一つと言える。ハサミの使い方が危なくないか、ご高齢だから椅子を用意したほうがいいのではないか、素材を押さえるのが大変そうだからこの場合は私が手伝ったほうがよいか——そんなことを考えながら見守る行為は、相手の制作や鑑賞という行為に対するものであり、臨機応変な相互行為と言ってもよいだろう。

相談という相互行為

もちろん、参加者がする質問や意見の提示に対して、きちんと言語や行動で対応することは大切である。美術館分野のワークショップの草分けと言えるのが一九八一（昭和五六）年に開館した宮城県美術館である。その創作室の学芸員は、「何でも相談係」という名札をつけている。ここでは、集団に対して講習するというスタイルではなく、個人に対して相談に乗ることがワークショップの中心に位置づいているのである。あくまでも参加者（相談者）の個人的な課題に寄り添った「**相談**」として位置づけている。これを創立段階から約三〇年間リードした齋正弘は「深い個人が多々いることを肯定できるようにしておく」「方向はあるが目標はない、目標はその人にのみある」「作業の終了目標を決めない」ということをファシリテータの活動の「こつ」として記しているが、[*3] 個人からの相談というコミュニケーション行為を中心に据えたファシリテーションとして注目すべき言葉である。一見すると「何でも相談係」はワークショップとは異なるようにみえるが、それは参加者が主体となった教育そのものであり、その過程や結果を参加者が享受することを目的とした典型的なワークショップと言える。こうしたことから、個人からの相談という相互行為をファシリテータとしての活動の重要な要素に位置づけておくべきだろう。

相談に乗るというのは、実は相談を受けるファシリテータに、専門的な知識や技術の蓄積や、さらには人間としての深みなど、大変な準備を求めるものである。造形ワークショップのファシリテータは、マニュアル片手の付け焼き刃では信用されず、美術に関する専門家でなければならないのは、この点でも明らかであろう。

コミュニケーションの原則としての個人の認識

ワークショップとしか言えないワークショップは参加者個人が主体となった活動であるから、コミュニケーションもまたこのことを原則としなければならない。

随分と説教臭いことを言うようだが、コミュニケーションの最初は、やはり、**挨拶**である。これがうまくいくかどうかは、今後のコミュニケーションを左右する。お互いに個人としての存在を認識できるということが挨拶の基本だから、まずここから始めるべきだろう。

初めて会う関係であっても、個人と個人が向かいあうためには、まずファシリテータの名前が相手にわかるように名札をつけたり、名乗ったりということが自然にできるようにしたい。個人情報保護上の問題がない場合は参加者の名前がわかるような名札や名簿の工夫もしておきたい。

社会福祉施設で行うワークショップの場合、「おじいさん」「おばあさん」という言い方はお客さんの立場ならよいのだろうが、ファシリテータとしては施設職員の協力を受けて事前に名前を覚えるなどの努力をして、お互いに挨拶をしたらすぐに実名でコミュニケーションができるほうがよいだろう。

私はこれまでかかわった多くの学生と専門家たちとの交流からの知識をまとめてここに説明しているのだが、実を言うと自分自身は人の名前がなかなか覚えられない。歴史上の人物や両生類の名前はすぐに覚えるので、何か深い理由があるのかも知れないが、ともかくこの残念な能力のために苦労している。私と同じような悩みを持つファシリテータは、どうか努力を怠らないでほしい。

マニュアル化しないために

参加者がそのワークショップに参加した前提には、ファシリテータが呼びかけて準備した企画がある。参加者の目に触れるポスターやチラシ、さらにそのもとになる企画書について、ファシリテータが多くいる場合も全員がきちんと熟知しておくべきであろう。参加者にとっての負担やリスクになる事項、例えば参加費や持参物、禁止や推奨をした事項などは、ファシリテータ全員が共有しておく必要がある。その意味では、ファシリテータにとってマニュアルは必要なものであり、それが企画書にあたると言ってよい。

しかし、そのコミュニケーションは、個人と個人のものとなっていく。チラシを見て「上履きは必要なのですか」と問われたら、それは参加者にとって同じ質問とは限らない。上履きとしてイメージしているものが同じではないし、靴下や裸足でよいかという意味かも知れないし、忘れてきたのでどうしたらよいかという相談かも知れない。質問の意味を正確に理解できるだけの余裕が必要であろう。臨機応変なコミュニケーションが、必須の事項を伝えるためにも大切になってくる。

第四節　組織としてつなぐことの意味

組織と組織力

　ここまでは、プレゼンテーションやコミュニケーションという言葉で、短い時間の場面で使われる能力を取りあげてきたが、文字どおり「組織」に関する力、つまり人間の関係を持続していくための組織をつくったり、組織との関係をつくりあげていくような狭義の組織力と言うべきものを考えてみよう。

　組織力やそれに関連する言葉は、様々な分野で強調されている。東京都教育委員会は、二〇〇八（平成二〇）年一〇月に「東京都教員人材育成基本方針」を発表したが、そこでは教師に求められる四つの能力を提示している。「学習指導力」と「生活指導力・進路指導力」は教師の能力として常識的なものだが、「外部との連携・折衝力」と「学校運営力・組織貢献力」がつづいた。教師の能力として子どもたちへの指導能力にとどまらず、学校外との関係づくりや学校運営にまで広がる能力が求められているのである。こうした視点は、文部科学省が提唱した**チーム学校**という言葉で全国に広がった。「チーム〇〇」と学校名を入れて呼ぶ運動が多すぎて、辟易しているという声も聞くのだが、組織的一体性だけではなく個人としての教師の能力や使命感が強調されていることは忘れないでおきたい。もちろん、組織としての動きが求められる企業人にとっては、そんなことはすでに常識だろうし、書店の企業人むけの棚には自己学習や組織的研修の啓発書など、企業の組織から人間関係づくりまで組織に関するものが多く並んでいる。

　組織という言葉を人間の社会について使うときは、英語の organization の訳語として理解される。この言葉は、組織する、編成するという動詞のorganizeへ、さらに生物の器官や社会的な機関を意味するorganへと遡る。語源は組織や道具を意味するギリシャ語のorganon《オルガノン》である。楽器のオルガンが外来語として定着しているが、原義を考えるとうなずける。いずれにせよ、人間社会では機能的な目的を持ってつくられたものが組織ということだろう。

現在の言葉で組織力と言うとき、人間個人が持つ組織をつくる能力だけではなく、組織自体が持つ力という意味にも使われる。政治や業界の団体の持つ組織力、多数の力というニュアンスである。その意味では、個人や少数派を押しつぶすようなニュアンスもある言葉ではあるが、そういう人間の組織が持つ問題も含めて、私たちはワークショップにおける参加者の個人への注目にこだわりながら考えていきたい。

不特定多数とのコミュニケーション

参加者が個人であることは自明だが、それをきちんと**個人**として把握するのは、意識的に考えないとできないことである。このことについて、こどもの城でのワークショップの経験に学びたいことがある。

一九八五（昭和六〇）年一一月に開館した東京青山のこどもの城（財団法人日本児童手当協会、のち公益財団法人児童育成協会）は二〇一五（平成二七）年二月に閉館するまで、造形事業部の造形スタジオを中心に、ワークショップが日本に定着するにあたって大きな役割を果たした。学校教育を文部科学省（かつての文部省）が管轄するのに対して、この組織は社会福祉を管轄する厚生労働省（かつての厚生省）のもとにある児童福祉の機関である。この開設段階から携わった前田ちま子は、こどもの城のワークショップの実践のなかで、「**不特定多数**」という原理が発見されたことを強調している。こどもの城の参加者である子どもたちは、「年齢も様々であり、経験もそれぞれで、参加するグループも親子であったり、子ども同士であったり、学級集団や町内会のグループであったりする」という多様性がある。学校での子どもたちは学年による等質な集団である。それに対してこどもの城のワークショップ参加者は、一人だけのこともあれば、多人数のこともある。そうしたグループについても、親子や兄弟姉妹、学校のクラスや地域の交流によるグループなど様々であるし、年齢や造形に関する学習歴なども一様ではないのである。こどもの城の入り口で入場の手続をすれば、誰でも造形スタジオに迎えられるのだから、そうなるのは当然であり、それゆえにファシリテータは、「どのような条件や状況にも対処し対応できる許容量」を求められるのである。[*4]

三〇年に及んだこどもの城の造形スタジオは、二〜三歳の子どもたちが親子で参加するコーナーや、小学生以上との年齢制限のあるクリエイティブ・コーナー、予約制の講座・クラブスペースなどがあり、前田ちま子を引き継いで造形スタジオで活躍した有福一昭もまた同じく、こどもの城の特徴としての参加者の「不特定多数」を強調している。[*5] 青山のこどもの城は閉館を迎えたが、児童館が全国に広がるモデルとなり、日本の児童福祉に造形ワークショップが定着した実績は歴史的にも注目したい。

ワークショップが本来的にあらゆる人々に開かれたものと考えたときに、参加者が多種多様な属性を持っているということは、実はワークショップとしか言えないワークショップの本来の姿であると考えられるのである。もちろん、実際の造形ワークショップではある程度の参加条件などを定めることがあるだろうが、学校教育でも技術講習会でもないのだから知識や技術を前提とした参加者の選別を、ファシリテータが行うべきではないだろう。

個人としての参加者の選択

ワークショップは、一斉教授法を前提とするものではないのだから、ファシリテータの号令によって参加者の活動が開始したり終了したりすることも本質的に必要なものではない。先に見たこどもの城では、子どもたちは三々五々やってきて、作業を始めてもその速度は様々であり、もちろん終わる時間も様々である。いま来た子どものすぐ横では、もうすぐ完成する子どもががんばっていたりする。造形スタジオ全体では「展示」と「体験」と「制作」が一つのテーマでのまとまりを持った流れを構成して、参加者全体がよい相互関係を持つ雰囲気ができあがっているが、ただ参加者が不特定多数の個人であるという原則は変わりない。また宮城県美術館の「相談」を基軸としたワークショップでは、話しあったり制作したりする課題自体が参加者一人ひとりで違うのだから、同じ創作室にいたとしても、参加者を組織された集団と捉えることは不可能だろう。

もちろん、集団制作が中心となった造形ワークショップや、演劇ワークショップと連動して行われる身体的な活動が組み込まれた造形ワークショップでは、参加者の一時的な組織化が見られる。こうした集団行動が前提の場合は、海後宗臣の三つの教育構造で言えば、限りなく陶冶構造に接近する。集団のリーダーをファシリテータがつとめ、リーダーの号令のもとで、制作したり舞踏したりというのは、教師の指導下でごく普通に学校で行われている陶冶である。こうした集団を前提としたワークショップが、ワークショップとしか言えないワークショップとなるためには、参加者の主体性が明確であり、目的が参加者による過程や結果の享受にあって知識や技術の習得や資格の取得ではなく、さらにファシリテータが準備して見守る存在であって指導して評価する存在ではないということが必要である。したがって参加者は、いつでも参加を中止したり、退出したりすることが自由にできるはずであり、そのことが不利益とならない配慮が必要である。

このように考えると、造形ワークショップに集まった参加者は、あくまでも造形ワークショップに参加するために来たのであり、ファシリテータの示した目的や目標はその説明責任から提示されたものに過ぎず、参加者が組織されるのはワークショップを行う必要から生じた一時的なものであることが理解できる。

また、参加者が事前に**集団**として組織されている場合がある。社会福祉施設の施設利用者は通常は居住や通所の計画にしたがって計画的に組織されているし、学校を基盤に行う場合には学年やクラスによってすでに組織されている。誤解がないように言うが、私は学校教育や陶冶構造の教育の社会的存在意義を高く評価しているのであり、こうした組織的基盤のもとでもワークショップは可能だと考える。ただ、こうした場でも、ワークショップとしか言えないワークショップとしての、あるいは反教化的教化としてのあり方を追求するならば、参加と不参加を選択する自由が不利益なく参加者に保障されていなければならない。何も難しいことを言っているのではない。「三時からワークショップをします。参加したい方はロビーに来てください」と呼びかけて気のむいた何人かの高齢者だけがゆっくりとやって来てくれる、そういう高齢者施設で行われている造形ワークショップの日常的な風景は、実はこの参加者の自由な選択という本質的な組織論を象徴しているのだ。

ファシリテータの組織

一方で、**ファシリテータ**には、組織がほしいというのが実感である。もっと具体的に言うと、相談しあう場がほしい。私自身の長年の観察から言うと、ファシリテータをつとめる学生たちが造形ワークショップを行うときには、ここで述べているプレゼンテーション能力やコミュニケーション能力、あるいはすでに述べた企画力といったものよりも、まず自分たちで協力しあえるようなグループになっているかどうかが大きく成否を左右する。武蔵野美術大学の教職資料閲覧室とその演習室では、社会福祉施設でのワークショップを考える学生たちの準備活動が頻繁に行われているが、一番多い場面は、ただ話しあうという時間である。それがファシリテータたちの組織としての形態なのである。

実際の社会において、組織としての企業の部門や、生涯学習機関や美術館の教育普及部などでワークショップに取り組む人たちは、すでに組織が存在するというメリットがある。これに対して、いま造形ワークショップを始めようと考えた人々にとっては、まずファシリテータの組織づくりから考える必要がある。

ごく普通に集まった関心を共有する人たちの集団でよいし、社会的信頼や経費管理のあり方からＮＰＯなどの法人組織の形態をとるまでに発展することもあるだろう。話しあいのグループから実施のためのグループとなり、さらにそれが恒常的なグループとなる場合は、きちんと責任を分担しあい、役割を確認しあうといった組織づくりの基本を活かしてほしい。

私自身の経験から、参考になるかも知れないと考えて書いておくと、人間の注意力はすべてには注げないものであるから、注意力が必要な広報などの物の管理と、会計などのお金の管理は、担当する人を分けたほうがよい。それと人間関係を長くもたせるのであれば、定期的な相互連絡の方法を確立しておいたほうがよい。現在の学生たちにはインターネット上の情報交流サイトを便利に使っている例を見るし、そうでない世代ではやはり郵便物を使ったニュースというのが一番安定的なつながりであったりする。

組織とのつきあい方

実際のワークショップを行うためには、ファシリテータと参加者のほかに、活動の場を提供したりする様々な組織とのかかわりが必要になる。こうした組織とのつきあい方も、ファシリテータが身につけたい組織力の重要な要素である。

子どもたちとのワークショップを小学校や中学校と連携して行うときには、当然その学校のルールが大きな意味を持つ。突然に学校を訪問して造形ワークショップがしたいと言っても相手にされることはあまりない。学校教育は法令による拘束が大きい世界であり自由にできる余裕は決して大きくない。しかし、正規のカリキュラム以外に学校での造形ワークショップが広がりを持っているのは、学校の教員や児童・生徒の様々なニーズと期待が発生して、それが造形ワークショップと合致したからである。ファシリテータの側がこうしたチャンスにどう敏感に対応できるかによって変わるだろう。小中高等学校における造形ワークショップが可能となるかどうかのキーパーソンは言うまでもなく、チーム学校をまとめる校長や、図画工作科や美術科の教諭たちであり、その人たちがどんな方向で造形教育を進めたいかによって左右されるだろう。そして、現在では美術科の授業の改善のために造形ワークショップの手法を取り入れたり、学校行事や課外活動としての造形ワークショップを行うための美術教諭たちの挑戦が進んでいる。

一方、社会福祉施設等では、職員たちは大変な日常業務をこなしながら、造形の専門家がいないなかでレクリエーションや施設行事との関係で造形にかかわる取り組みが行われている。そうしたなかで造形ワークショップが実現されることは決して珍しくない。様々なボランティアによる活動を歓迎する施設は少なくないし、入所者や通所者のための日常的な支援者を求める施設は多い。もちろん、オープンな社会福祉施設でもその社会福祉施設のルールがあり、とくに健康や個人情報に関するルールは厳密に守らなければならない。無償のボランティアとして歓迎して受け入れられる場合にも、十分にそのことを自覚しておくべきだろう。

ファシリテータとして活躍した学生や社会人学生、卒業生たちから聞いた苦労話と教訓は、本当に多岐にわたるが、もしも一言でまとめるならば、どのような組織であれ全く同じ組織はないということであり、人が多様であるように、組織も多様であるということである。ともかく、その組織の様子をじっくりと観察して、その特性やルールを把握して、そのなかにある可能性とファシリテータ自身の考えることが合致するかどうかを見極めて進めていくことが大切である。

組織力について自覚

武蔵野美術大学の講義形式で行う「ワークショップ実践研究」の学生の感想や自己評価では、「プレゼンテーション能力が足りなかった」「コミュニケーションが苦手」「組織力と私は無縁です」といった否定的な自己認識が多い。ただ、私の見る限りでは、そんなことは謙遜と思えるほど、活発な動きをしている学生が多いことも事実である。ひょっとしたら、美術にかかわる人は人づきあいが苦手という偏見が自己認識としてこびりついているのかも知れない。

造形という表現活動自体は、プレゼンテーションそのものであり、社会的なコミュニケーション行為である。美術もデザインも建築も、そもそも組織なしで生きていくことは昔も困難であったし、いまもそうである。その意味でも、ここで述べているファシリテータに必要な能力としての組織力は、美術にかかわるすべての人が社会で活躍するために必要な能力とも言えるのである。

造形ワークショップの着想が浮かんだとたん、ファシリテータ相互のコミュニケーションと組織が大切になるし、協力してくれる個人や団体へのプレゼンテーションが実現を左右する。さらに参加者に呼びかけ、造形ワークショップが開始されると臨機応変なコミュニケーション能力が必要となる。そして終了後もファシリテータや協力者との交流が大切にされていくなかで、次の機会へとつながっていく。そのときに一番重要になるのが記録である。企画力と組織力の結果として記録力を活用して次へと結びつけたい。

註

1 佐藤秀夫『教育の文化史』第二巻、阿吽社、二〇〇五年。

2 杉村美佳『明治初期における一斉教授法受容過程の研究』風間書房、二〇一〇年。

3 齋正弘「第2章 ファシリテーションの実際」高橋陽一編『造形ワークショップの広がり』武蔵野美術大学出版局、二〇一一年、四八~四九頁。

4 前田ちま子「なぜ〝ワークショップ〟だったのか」高橋陽一監修『ワークショップ実践研究』武蔵野美術大学出版局、二〇〇二年、六二~六三頁。

5 有福一昭「第5章 こどもの城「造形スタジオ」のワークショップ」高橋陽一編『造形ワークショップの広がり』武蔵野美術大学出版局、二〇一一年、八四~八五頁。有福一昭「第8章 児童館等における障害児、幼児への配慮とアート」「第15章 乳幼児から幼児を対象とした造形プログラム」『特別支援教育とアート』武蔵野美術大学出版局、二〇一八年、一四三~一五六頁、二四一~二五四頁。

Q&A：授業で寄せられた質問から

――ファシリテータのあり方を学んでいくと、大変だなあという実感があります。必要性は理解できるのですが、率直にファシリテータの楽しみとは何でしょうか。（通学課程の「ワークショップ実践研究」の後半あたりで毎年数人が記す感想から）

ワークショップとしか言えないワークショップの定義からすると、参加者のために尽くすファシリテータというイメージになりますから、自己犠牲的な印象をうける人が多いですね。「楽しみ」ということでは、教育というのは楽しみだという考え方があります。そもそも教育という熟語は、中国古代の孟子が君子の「楽」を説明するために「教育」を提示したことに始まります。権力や贅沢よりも将来の後継者を育てることこそが楽しみだという主張です。ファシリテータも、ワークショップの目的や目標を考えて具体的な企画を立て、準備してみんなに参加してもらえるのですから、このこと自体を楽しみにしたいですね。もっと言えば、大変さも楽しみにするということでしょうか。

――実際の組織の一員としてのファシリテータと、ワークショップを支えるファシリテータという個人の間には、矛盾や葛藤があると思います。実際に社会で行っているみなさんは、どうでしょうか。（通学課程の「ワークショップ実践研究」の質問から）

ファシリテータ役を果たす人は、純粋な個人と言えるボランティアの場合もあるでしょうが、企業・団体のメンバーや学校などの教育機関の教員などとして行う方が多いと思います。第4章で見たワークショップの大きな目的も、地域振興や文化普及など組織の目的としてすでに決定している場面も多いと思います。カリキュラムのある学校ではワークショップが

「おまけ」のように思われたり、企業・団体では「客寄せ」のように位置づけられたりして、組織全体で理解されない経験を持つ人も多いですね。さらには組織本来の目的や効率的な目標達成にワークショップが反しているように言われることもあります。しかし、効率が求められる組織でも、その潤滑剤や多様性のために、ワークショップを会議の意思決定や活動の見直しのために活用することは大切だと思います。そのためには、ファシリテータが、きちんと組織のなかで説明をして、組織全体の理解を高めていくことが必要でしょう。これからの企業でもチーム学校でも、ファシリテータの組織力が必要とされるはずです。

練習問題：深い学びのために

組織力は、実際の現場で磨かれていきます。実際の現場でワークショップを説明したり、実施したりする前に、家族や職場の協力者にお願いしてプレゼンテーションの予行演習をしましょう。このとき、協力者には「必ず質問をしてください」「疑問を突っ込んでください」とお願いしておきましょう。また、練習では、時間と場所が大切です。時間を時計で計ったり、広めの部屋で離れて座るなど、実際の現場でのプレゼンテーションを想定した環境で行うと効果的です。

参考手法：コミュニケーションのツール

プレゼンテーションはどうしても一方的になりがちです。聞く側が意見を気軽に言いやすく、また、企画の改善にも使えるように、単に「ご意見をお願いします」の言葉だけではなく、ツールを準備しておくと効果的です。

例えば、小さめの紙片で「ご意見シート」を作っておくこと（図表1）。多数の参加者がいるプレゼンテーションならば、全員が挙手するわけではないですから、こうしたシートは重要です。単なる白紙の空欄ではなく、○をつける項目があると、意見が言いやすいですね。

図表1　ご意見シート

「企画名」へのご意見

○年○月○日

本日のプレゼンテーションについてご意見をお寄せください。ご意見は企画の改善に使用して、氏名等が書かれた場合も個人情報に配慮して照会だけに使用して無断で公表することはありません。

1　本日の説明はどうでしたか（○を1つ）

わかりやすい　なんとかわかる
わかりにくい　わからない

2　提案した企画にご自身としては（○を1つ）

参加したい　参加して良いかも
参加しないかも　参加したくない

3　何か企画についてご意見を（自由記述）

ご芳名（匿名も可能です）

参考資料：さらに読み解くために

組織論や能力開発論は、企業経営や人事研修など、多くの参考書や研究書が刊行されています。会議や対話のためのワークショップについては、第1章でも紹介した中野民夫や堀公俊が多くの著書を発表していますので、参考にしてほしいと思います。

また、本文で引用した二〇一五（平成二七）年一二月二一日の中央教育審議会答申「チームとしての学校の在り方と今後の改善方策について」は文部科学省のウェブページで読むことができます。学校の教員だけではなく、他の分野の人たちも、チーム学校論などは参考になると思います。

第6章
記録力――記録と表現のプロセス

キーワード

記録力　記録と表現　著作権　引用　個人情報　名簿
顔写真

要　約

ワークショップを支えるファシリテータには、記録を作成して活用する記録力が必要である。記録と表現とは、ワークショップという表現行為を記録することと、記録したものを工夫して表現することの二つが含まれている。造形ワークショップは作品制作に傾きがちであるが、参加者の心に残り、次のプロセスへとつなげるためにも記録と表現を心がけたい。表現活動にはルールがあり、他人の著作物を活用するためには著作権法を理解して手続きを踏む必要がある。また、ワークショップにかかわる人々の個人情報を保護していくことも必要である。名簿を作成したり、記録として顔写真を掲載するときには、個人情報の保護を踏まえた確認の手続きを行う必要がある。

造形ワークショップを支えるファシリテータに必要な三つの能力のうち、最後に位置づけられるのが、記録力である。企画力や組織力が発揮された行為は、記録力を活用してまとめられて蓄積される。記録力は、記録を残すための能力であるが、記録を残すという行為には目的が必要である。その最大の目的は次へとつなげるための大きなプロセスの確立である。このことを武蔵野美術大学「美術と福祉プログラム」では「記録と表現」というキーワードで表現してきた。

第一節　ワークショップ・リテラシー

記録力の意味

記録力とは、ワークショップに関するあらゆる行為を対象として、記録を残して、次につなげていくための能力である。ここで重要なことは、次へとつなげるという目的が明確にあるという点であり、そのつなげていく対象者は自分自身だけではなく、これからワークショップにかかわるすべての人を想定していくことになる。ワークショップを支えるためのファシリテーション能力において、企画力や組織力はわかりやすいが、実はこの記録力がないことには、ワークショップがとりとめのない一時的な行為に終わってしまうのである。

この問題を明確な形で提起したのが、武蔵野美術大学の「美術と福祉プログラム」である。一九九八（平成一〇）年四月からスタートしたこのプログラムは、造形ワークショップの記録を残して表現していくという活動を位置づけた。そして二〇〇六（平成一八）年度に文部科学省から「特色ある大学教育支援プログラム」（特色ＧＰ）として選定されて支援を受ける段階で、「**記録と表現**」のキーワードによって、この課題を明確に提起した。つまり、造形ワークショップでは「カンやコツとしての理解にとどまることが多くなってしまう。そこで、文字や成果物や画像の資料として記録を残すことを意識的に指導して学生を促し、その記録に基づいて意見交換を行い、さらにそれを多様な手段で表現することを追求している。」と述べて、「記録と表現」のプロセスの重視に意識的に取り組んでいった。[*1]「記録と表現」という言葉の意味と実践は次節であらためて説明するが、この言葉には、カンやコツに頼りがちだった造形ワークショップへの反省としての批判が含まれている。

ここで反省としての批判と書いたのは、長期にわたって造形ワークショップを行う学生たちやこれまで活動を先導してきた先人たちと話しあって、造形ワークショップをこれから支えるファシリテータに必要なものを考えるなかで提起したものだからである。

リテラシーをめぐって

こうした記録という行為を、現在の社会の文化や教育の課題として強調されるリテラシーという言葉と重ねあわせて、「ワークショップ・リテラシー」を考える必要がある。カンやコツだけに頼るのではなく、ワークショップについて参加者とファシリテータが理解しあうためのリテラシーである。

リテラシーは識字と翻訳されてきた。国民のどれだけが文字を知っているかを示す識字率は、その国の教育の普及を知るための指標として使われている。この識字率を上げることは、世界史的にも、いま現在も、近代の学校の使命でありつづけた。

識字の意味や実態をめぐっては、近年、教育史学の分野では、とくに江戸時代を対象にして活発に研究がなされている。[*2]そこでは近代の学校以前の多様な学習の姿が浮き彫りにされており、近代学校以前の近世における手習塾（寺子屋）や藩校・郷学の普及は、世界史的にも注目すべき現象である。そこでは武士や町民や農民にとってリテラシーが生きていくために必要な力となっていた時代が明らかにされている。こうした研究は江戸時代だけではない。日本の古代の学校は、中国をモデルにした貴族のための大学寮など、限られた学校しかなかった。しかし、久木幸男は古代教育史研究において、学校教育とは無縁だったはずの日本古代の民衆も文字を知り、三・八〜七・二パーセントの識字率があったことを推定した。[*3] そして久木はこうした識字が律令国家の地方支配の末端で優遇されるための上昇手段であるだけでなく、民衆自身の権利を主張するための手段でもあったことを強調している。つまり、日本の古代でも近世でも、民衆が文字を学ぶことは、生きていくためのリテラシーとしての意義があったのだ。

リテラシーへの現代の注目

今日の教育の世界的指標でも、「**リテラシー**」という言葉が使われている。現代の学校教育を測定するものとして国際的な学力調査がもてはやされており、学校教育行政関係者を一喜一憂させている。最も有名なのが、**OECD**の「生徒の学習到達度調査」（**PISA**）であるが、ここで提起されている概念が、読解力、数学的リテラシー、科学的リテラシーといったものである。従来の「識字率」では文字の読み書きができるかどうかが調査の中心だったが、ここでは文字や記号を使って思考や推論ができるかどうかという発展的な内容が問われている。このような活用までが含まれるリテラシーという概念は、情報リテラシーやコンピュータ・リテラシーという言葉でも定着しつつある。世界的に「リテラシー」という言葉には、従来の識字だけでは翻訳できない社会的な課題が意図されているのである。

第3章で学校教育の流れを説明したが、二一世紀初頭の日本でのリテラシーへの注目は、狭義の読み書きにとどまらず、発展的な応用力や理科や数学に及ぶリテラシーとして理解されている。二〇〇八（平成二〇）年三月の幼稚園教育要領、小学校学習指導要領、中学校学習指導要領の告示、二〇〇九（平成二一）年三月の高等学校学習指導要領、特別支援学校教育要領・学習指導要領の告示に至った流れを見ると、国語、算数・数学、理科、社会、英語といった俗に言う「主要科目」の時間数と教育内容の充実に注目が集まり、美術や音楽などの芸術系科目は等閑視された印象を受ける。この改革で強調された各教科に横断する**言語活動**は、美術教育の現場では当惑があった。しかし、黙々とつくる表現の授業に、対話や発表などを導入するために造形ワークショップが導入され始めた。さらに知識だけに傾きがちな鑑賞の授業でも、に思ったことを言語で表現する**対話型鑑賞**も広がった。

この流れは、二〇一七（平成二九）年と翌年に告示された新しい学習指導要領でも見られる。繰り返すまでもなく主体的・対話的で深い学びであるアクティブ・ラーニングである。ここで**対話的な学び**は、言語活動がアクティブな対話や表現として位置づけられているのである。ワークショップのもたらす可能性は、この学習指導要領であらためて学校現場に広がりつつある。

ワークショップ・リテラシー

さて、ワークショップの世界でこのことを考えてみよう。造形ワークショップでは多くの言語で表現できないものが、ものづくりや鑑賞の対象になっている。しかし、すでに見てきた企画書や様々なファシリテーションの場面では、言語が大切なコミュニケーションツールとなっているのだ。造形ワークショップの主人公が参加者であり、それを支えるファシリテータが活躍していくためには、双方のリテラシーが前提となる。ファシリテータと協力者たちが構想を練って合意していくためのリテラシー、ファシリテータが参加者に呼びかけて参加を選択してもらうための**ワークショップ・リテラシー**である。さらに、こうしたワークショップの過程を記録していくためには、参加者、協力者、ファシリテータたちが持つべきリテラシーが前提となる。

このことは、さらに、**ワークショップとしか言えないワークショップ**の本質、つまり、「参加者が主体となった教育であり、その過程や結果を参加者が享受することを目的とするが、その知識や技術の習得や資格の取得などを目的とせず、さらに準備して見守るファシリテータは存在しても、指導して評価する教師が存在しないもの。」という定義からも重要である。何が目的となり、どのような過程や結果が想定されているのかということをファシリテータは明示する必要があるし、参加者はそれを知らされたうえで、場合によってはファシリテータの想定を超えた活動へと進んでいくかも知れない。そうしたプロセスのなかでは、双方にワークショップについての合意が必要であり、そこにリテラシーが存在する。つまりワークショップ・リテラシーは、ワークショップに必要不可欠な前提なのである。何も合意のない状態でファシリテータが誘導したり押しつけたりすることが最も忌むべきことであり、反教化的教化を自戒とする立場からは、こうしたワークショップ・リテラシーが大切にされなくてはならない。

この章までに述べてきたように、企画力を発揮する各段階の企画書や、組織力を発揮するファシリテータの活動には、こうしたワークショップ・リテラシーの存在が前提となる。カンとコツの世界は、ものづくりにおいて重視されなければならない。すべてが言語化できるわけではないのだ。しかしながら、社会のなかで造形を考え、そして、造形ワークショップを教育や文化のなかで大切な役割を発揮できるものとするならば、言語化されて明示された合意形成の前提として、ワークショップを説明し、理解と合意を得るためのワークショップ・リテラシーを位置づける必要がある。

第二節　記録と表現

記録と表現

「記録と表現」という言葉は、武蔵野美術大学での造形ワークショップの取り組みで紡ぎ出されてきたものだが、文章としては前掲の二〇〇六（平成一八）年四月の特色ＧＰを申請するときから強調し、印刷物としては文部科学省による特色ＧＰ選定を受けて一〇月に刊行したパンフレット『美術と福祉プログラム』で次のように提起した。

美術と福祉プログラムでは「記録と表現」を重視しています。「記録と表現」には、造形ワークショップ参加者による表現を記録するプロセスと、その記録をさらに表現する二つが含まれています。*4

この引用の意味を繰り返すと、ワークショップ参加者の表現をファシリテータが記録するプロセスと、ファシリテータがその記録を表現するプロセス、この二つのプロセスを重視するという提起である。「**記録と表現**」は「表現を記録する」と「記録を表現する」の二つが組みあわさった概念なのだ。

もちろん、こうした「記録と表現」という行為は、武蔵野美術大学でもそれ以前の多くの先人が取り組んできた。「美術と福祉プログラム」の基軸に造形ワークショップを据える発想に影響を与えた小串里子は、一九五九（昭和三四）年に東京都立青鳥養護学校に赴任し、その後も障害を有する児童・生徒の実践記録の作品事例とドキュメントを蓄積して、一九九七（平成九）年六月にこどもの城で「万人のための美術展」を開催するとともに、『ワクのない表現教室』や、『みんなのアートワークショップ』などで事例を紹介している。[*5] また視覚伝達デザイン学科教授であった及部克人と学生たちは、一九七〇年代から大学内外で様々な企画を展開して作品や写真などの記録のほか、多様な冊子などの印刷物を作成して表現活動の記録を蓄積してきたことも特筆すべきものである。このように、大学内でも、美術館や地域などでも、ワークショップの先達《せんだつ》たちが行ってきた記録活動は膨大なものだが、ここでは「記録と表現」という言葉に込めて意識的に提起しようとするものである。

表現を記録する

「記録と表現」のうち、第一のプロセス、ワークショップ参加者の表現をファシリテータが記録するプロセスは、わかりやすいと思う。本来的にはファシリテータは、背後から見守り支える人であるから、主役である参加者たちを見守るなかで、参加者の表現活動の記録をすることができる。実際には、共同して制作したり、説明役や道具の配布役として多忙になったりと単純に見守るとはいかないのだろうが、それでもこの表現を記録するプロセスはワークショップ実施の過程が最大のポイントなのだから意識的に取り組みたい。

記録の方法としては、写真による静止画、ビデオなどの動画、さらに現場のスケッチなどが考えられる。第4章の第三段階企画書、つまり参加者に提示する説明としての企画書のところでも述べたが、個人情報やプライバシーは大いに注意してほしい点で、第三節でも再論する。写真やビデオ撮影は参加者や協力者の許諾を得て行うものであるが、それでも撮影するという双方の「意識」が、不自然な現象をもたらすことは理解しておくほうがよい。そんなことは、カメラを向けられたらどうするかと自分に引き移して考えれば自明なことであろう。ただ、現場の再現性やメディアでの活用を考えると、動画と静止画、とりわけデジタルデータで保存できるものは重宝である。

造形分野での専門性を持つファシリテータの最大の利点として、スケッチの活用の意義を再認識してほしい。いつも学生には、ワークショップの現場には、最低限の記録のために紙と鉛筆を持って行くように勧めている。あまり巨大ではないＡ４判サイズ前後のスケッチブックや、ごく普通にＡ４のノートや、なければ白紙だけでもよい。どんな参加者が、どんなプロセスで造形ワークショップに取り組んだか、制作過程でどんなことがあったかなどを、絵と簡単な文字で書いておくのである。このほうがカメラを構えるよりも早い。なお、こうしたメモ類には、必ず年月日を事前に入れておき、記録した時間なども記しておく。

言うまでもないことだが、ワークショップの成果を公開することを視野に入れると、終了段階の様子、作品等の写真は撮影しておきたいところである。完成物を参加者が持ち帰るのではなく、会場に設置したり、ファシリテータや協力者の管理に委ねられたりする場合は、「記録」としてはよい条件と言える。もちろん、この作品はあくまでも参加者の作品であり、参加者への敬意、とりわけその権利が保護されなければならない。

記録を表現する

「記録と表現」のうち、第二のプロセス、ファシリテータがその記録を表現するプロセスは、第一のプロセスと比べてわかりにくいものかも知れない。この記録を表現するプロセスは、ワークショップ自体が終了してから行われるもので、通常はファシリテータによって、場を離れた参加者や協力者への事後のアプローチ、フォローとして行われていく。

非常に素朴なことかも知れないが、ワークショップが終わってファシリテータが協力者や参加者に何らかのご挨拶をしたり、御礼を述べたりすることも、この第二のプロセスの表現活動である。まとまった報告書を作って提出するようなケースも、実はこうしたご挨拶や御礼というメッセージが大きい。

二〇〇二（平成一四）年四月からスタートした武蔵野美術大学造形学部通信教育課程の授業科目「ワークショップ研究」では、社会人学生が地域で造形ワークショップを展開する課題を体験的に考えていくのだが、学内での体験的なワークショップの次に、各自が探してワークショップ企画に参加したり、自らが企画してファシリテータになったりする課題がある。この場合も報告書としてのレポートをまとめるだけではなく、機会を提供してくださった人々への事後の御礼を伝えるプロセスを必ず組み込んでもらっている。すでに造形ワークショップに取り組んでいる人、自らのワークショップ企画に協力や参加してくれる人など、御礼の手紙という小さな「記録と表現」が蓄積されることで、大きな流れをつくっていくだろう。

なお、この第二のプロセスが対象とする「記録」は、ワークショップそれ自体の実施過程と結果だけではなく、**企画書ポートフォリオ**など、それ以前のファシリテーションの記録も対象としていることは留意しておきたい。もしも、造形ワークショップの記録をファシリテータの目線で時系列で追って表現しようとするならば、いつワークショップ企画を構想したか、そもそもその前提となる作品や技法、あるいは目的や目標はどうして選びとられたかなどをあらためて考え直して整理してみるとよいだろう。各段階のメモや企画書だけではなく、ファシリテータ以外が有形無形に企画に協力し影響している様子が理解できるはずである。

さて、ここまで蓄積された記録を表現する方法についてだが、メディアで区分しても、発表手段で区分しても枚挙にいとまがない。そこで具体的な「記録と表現」について、二〇一二（平成二四）年一月に武蔵野美術大学新宿サテライトで行われた「造形ファシリテーション展示会・シンポジウム」の会場から、実際の展示発表を例示していきたい。

報告書を作る

一九九八（平成一〇）年度から、「美術と福祉プログラム」では「**報告書**」を印刷・発行することに取り組んできた。日本では大正・昭和戦前期に謄写版印刷が普及して、戦後に至るまで多くの小学校では子どもたちの文集づくりが、**大正自由教育**の「生活綴方」などの教育改革運動と相まって展開されてきた。自分たちの生活体験を記録して伝えるというこの教育改革の動きは、今日でも注目すべき日本の教育遺産である。さすがに今日では手の汚れる謄写版印刷は見なくなったが、謄写版印刷機製造会社の理想科学工業株式会社が「リソグラフ」という孔版印刷機を製造して企業や学校で活用されているのは感慨深いものがある。こうした機械で一〇〇部程度の素朴な印刷物を作ることができるので、「美術と福祉プログラム」の記録は現在に至るまで蓄積されている。武蔵野美術大学ではこのセンターとして一九九九（平成一一）年四月に教職資料閲覧室を設けて、「美術と福祉プログラム」をはじめとした造形ワークショップ記録の活用のために機能している。

図表1は、葉山登や川本雅子が担当するクラスの学生たちが作成した報告書である。表紙をカラーコピーにしたり、色紙等を貼付したりして、カラフルにする工夫をしている。この報告書は、一年間の活動が終わるころに、施設担当職員に感謝を込めて毎年贈っている。また、この報告書が蓄積するこ

図表1　学生の作成による報告書（美術と福祉・教職総合演習）

とにより、翌年度の学生が社会福祉施設の雰囲気や造形ワークショップのアイデアを考えるヒントになる。ちなみに、前年と同じ企画をしないためのチェックにもこの報告書は活用され、単調さを避けるツールにもなっている。この実践は二〇一八年度も各クラスで続けられている。[*6]

インターネットの活用

造形ワークショップの呼びかけや成果発表を**インターネット**上のウェブページで行うことは、ごく普通のことになっている。この場合はのちに述べる個人情報や著作権の保護が大きなテーマになる。

二〇〇九（平成二一）年度からの武蔵野美術大学「造形ファシリテーション能力獲得プログラム」は、成果をウェブ上で公開してＰＤＦファイルで印刷可能な「ワークショップ記録」を作成した（図表2）。現在では主要ページのみの公開に制限してあるが、三年間で四〇〇近いファイルが公開され、学生一人で複数のファイルを出している場合は、氏名等でその内容を「ポートフォリオ」としてまとめることを可能にした。この「ワークショップ記録」

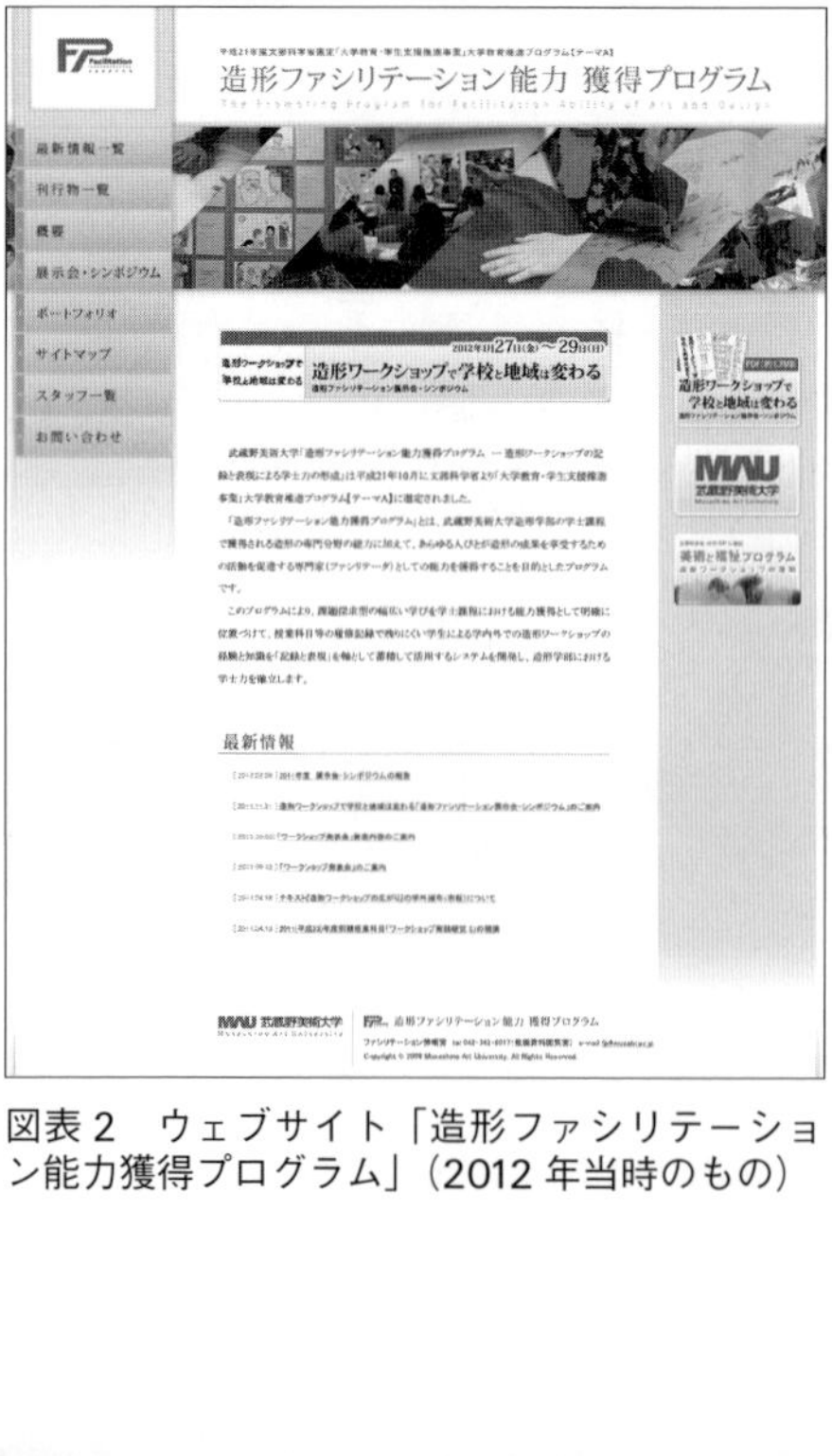

図表2　ウェブサイト「造形ファシリテーション能力獲得プログラム」（2012年当時のもの）

の作成のためには、各授業科目で言語表現やマナーも含めて学生に説明が行われ、公開に先立ってチェックする段階をもうけるなど、完成度の高い言語表現が目指されている。

紙芝居

さて、素朴なスタイルでの造形ワークショップ記録の表現として、杉山貴洋が推進している**紙芝居**づくりがある。[*7] これは、文字だけではなく絵画で表現し、一つのストーリーによってまとめあげる作業である。図表3は、展示会場で実物の紙芝居の横に台詞を貼り出したものである。会場では、紙芝居をパフォーマンスとして上演する状況も動画で再生された。なお、最も迫力のある表現はやはり肉声で読みあげることであり、毎年一一月と一二月に行われる「介護等体験説明会」では、杉山クラスの学生たちの紙芝居上演は会場が笑いに包まれる恒例のパフォーマンスになっている。

ポスター・掲示物

ポスターの形式の展示としては、手書きや写真を多用したものが多いなか、三澤一実が二〇〇八（平成二〇）年からプロジェクトを推進

図表3　杉山貴洋クラス　福祉施設での実習体験を紙芝居に

してきた「旅するムサビ」の壁新聞形式も、図表4のように、展示会場では目を引いた。その後も図表5のように「旅するムサビ」や「ムサビる」などの企画では、印刷物やインターネット上の告知など極めて多彩な方法で「記録と表現」を展開している。

また齋藤啓子が視覚伝達デザイン学科の学生たちと、地域において推進する多様な造形ワークショップ企画は、工夫した道具類なども提示することで注目を集めた（図表6）。やはり、使用した道具や素材、工夫あるツールなどは貴重な「記録と表現」である。展示会場では実際のツールに触れて再現することで、現場に近い理解をうながす機会となった。

概要や成果をポスターにして展示場に掲示して、それを活用して手短かな発表をしたり、質疑応答をしたりすることを**ポスターセッション**という。ポスターだけでも展示になるし、人と人の交流も可能である。理工系の学会や、企業の展示会などでも多く活用される方式である。図表7は、本書第4章の企画で実例とした二〇一七〜一八年度の「立川駅西地下道アートプロジェクト」について、二〇一八（平成三〇）年一二月に発表したときの様子である。こ

図表4　三澤一実指導による「旅するムサビ」壁新聞

図表 5　「旅するムサビ」「ムサビる」の印刷物の報告書（2008 年～ 2016 年）

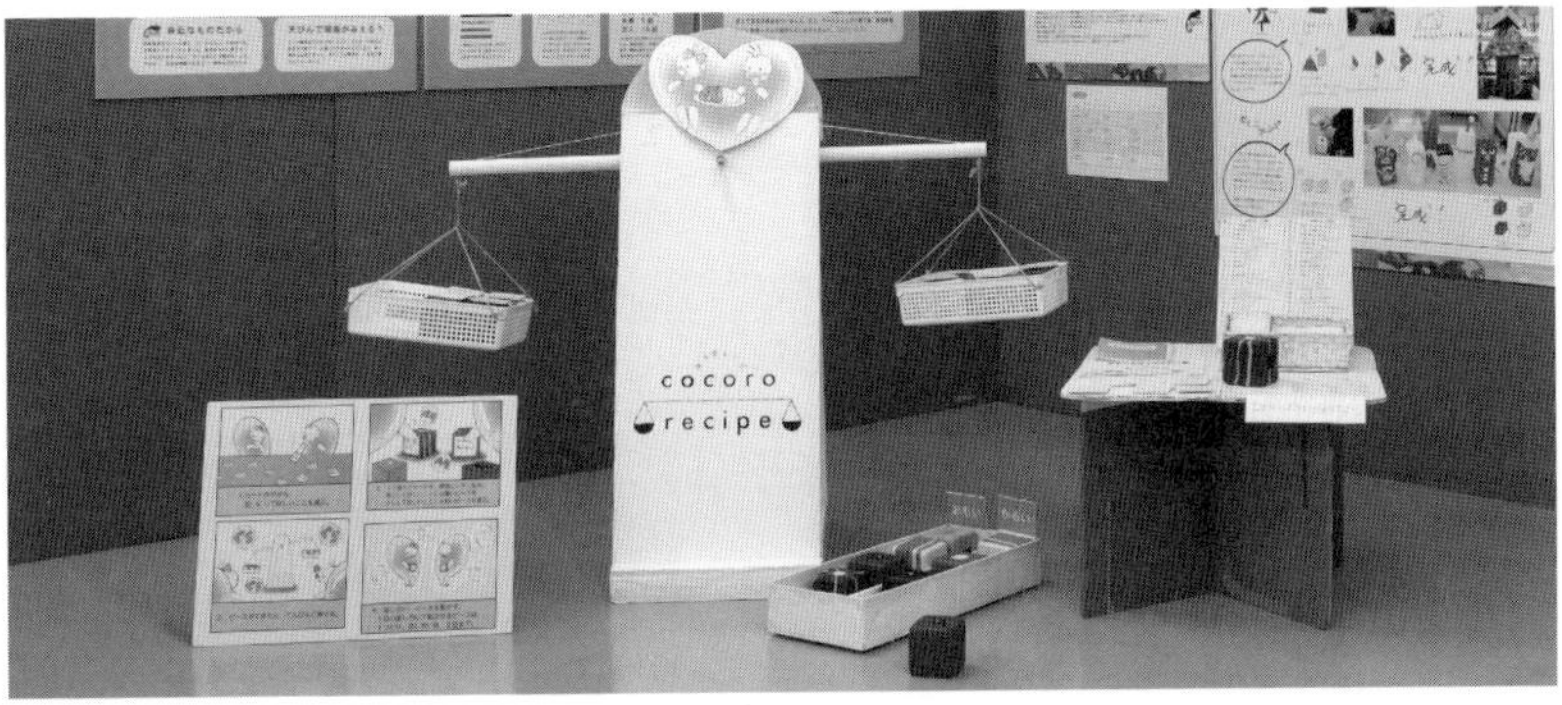

図表 6　齋藤啓子指導「ココロレシピ」などの視覚伝達デザイン学科の授業や課外活動の展示

図表 7　ポスターセッションでの説明（白石有沙、河畑花恋、2018 年 12 月）

図表８　立川駅西地下道アートプロジェクトのポスターセッション用のポスター（制作・河畑花恋）

の時のポスターの一部を図表8に掲げた。立川市と武蔵野美術大学が連携したプロジェクトで、地域の学校と住民、アール・ブリュット作家たちと地下道に壁画を描くプロセスを報告している。

作品と文章で示す

小川ホーム（特別養護老人ホーム）で活動する学生たちには、岩崎清の担当時期から独自のスタイルの「記録と表現」が試みられている。二〇一〇（平成二二）年に引き継いだ鈴石弘之（市民の芸術活動推進委員会理事長）のクラスでもこの取り組みが推進され、学生たちが介護等体験を終えたころにその体験を、文章とともに立体または平面の作品で表現している（図表9）。もちろん作品制作そのものの演習ではないので作品の大きさなどを制限するなど、全体課題としての統一も工夫されている。直接の情景を活写するものから、人間、人生、老い、さらには死といったテーマまでもが各自の作品のモチーフになってきた。現在では有福一昭が担当している。

記録と表現のプロセス

すでに述べたように「記録と表現」とは、ワークショップ参加者の表

図表9　鈴石弘之クラス　介護等体験をもとにつくられた作品

現をファシリテータが記録するプロセスと、ファシリテータがその記録を表現するプロセスという、二つのプロセスを含んでいる。造形ワークショップにおける表現活動の主体は参加者であるが、ファシリテータは、この記録の表現者としての積極的役割を担うことになる。もちろん、この記録の表現者としてのファシリテータの行為は、造形ワークショップの表現者つまり主役としての参加者の活動が前提となっている。

報告書を作ったり、様々なメディアで公開したりする意味はどこにあるだろうか。参加者にとっての思い出づくりや、表現などの造形行為による楽しみの共有という点が造形ワークショップの本質からは言えるだろう。さらに、この「記録と表現」により、一度の造形ワークショップが、次の企画へとつながっていくことが期待できる。ファシリテータ自身や、他のファシリテータ、関心のある人々へとつながることで、造形ワークショップという行為自体の連環構造をつくりあげていくのである。

第三節　個人情報と著作権

法律とモラルへの意識

「記録と表現」のプロセスで欠かせないのが、個人情報や著作権などへの留意である。こうしたことは、一つの社会的常識であるとともに、造形の諸分野の専門家であるファシリテータには、記録力の重要要素として、コンプライアンスと呼ばれる**法令遵守**の原則から法律に関する知識やモラルが要求される。

著作権についての知識は記録力の必須の前提である。著作権法や多くの蓄積された裁判例、個人情報保護法や関連する地方自治体の条例、企業や団体等で制定された保護規則などは、その概要を考えるだけでも大変なことである。武蔵野美術大学では憲法学の志田陽子をはじめとする教員が、著作権教育の重要な役割を担っている。[*8] 法令の内容や判例などを通じて具体的で実用的な知識を持つことは、あらゆる分野の造形にかかわる者に求められている。そしてファシリテータには、法律論だけではなく、モラルやマナーの問題としても、十分に理解しておく必要がある。

著作権の意味

法律の解釈をするといったことは、本書の目的を超えているが、ファシリテータとして確認しておきたい事項を述べておきたい。

まず、私たちが考えてきた造形の作品や、企画書や報告書などは著作権法が保護する著作物に該当するということを理解しておく必要がある。著作権法の第二条と第十条の一部を次に掲げる。

著作権法（昭和四十五年五月六日法律第四十八号）

（定義）

第二条　この法律において、次の各号に掲げる用語の意義は、当該各号に定めるところによる。

一　著作物　思想又は感情を創作的に表現したものであつて、文芸、学術、美術又は音楽の範囲に属するものをいう。

二　著作者　著作物を創作する者をいう。

〔以下略〕

（著作物の例示）

第十条　この法律にいう著作物を例示すると、おおむね次のとおりである。

一　小説、脚本、論文、講演その他の言語の著作物

二　音楽の著作物

三　舞踊又は無言劇の著作物

四　絵画、版画、彫刻その他の美術の著作物

五　建築の著作物

六　地図又は学術的な性質を有する図面、図表、模型その他の図形の著作物

七　映画の著作物

八　写真の著作物

九　プログラムの著作物

〔以下略〕

参加者の感想文やファシリテータの企画書や報告書が、第十条第一項第一号（第十条の最初に「一」と記された箇所）に該当する。参加者がつくった作品は第四号である。鑑賞のワークショップでは他の作家の作品を使うならば、それも第四号にあたることは言うまでもない。

次に理解してほしいことは、著作権が、まず人権であるということである。著作権に関する報道は複製権などの知的財産権にかかわる部分が大半であるが、著作権法はまず「**著作者人格権**」として第十八条で「**公表権**」、第

十九条で「**氏名表示権**」、第二十条で「**同一性保持権**」を規定する。これが人格権としての著作権である。公表をするかどうか判断すること、著作者の氏名表示を求めること、著作物の改変を認めないことが権利としてうたわれているのである。

最後に意識してほしいのが、この著作権は、あらゆる人が著作物を著作したときに発生するのだから、あらゆる人の著作物が対象になっているということである。

なお、学校教育においては著作権法第三十五条（学校その他の教育機関における複製等）の規定によって、教室内で教育に活用する場合に限って複製ができることになっている。さらに二〇一八（平成三〇）年の法改正により補償金制度を導入して、インターネットを使ったメディア授業や予習復習にも著作物の活用ができるように制度整備が進んでいる。これは学校教育を保護するための例外的な規定である。ただし、学校でも文化祭やインターネットで学外に公開する場合はこの例外規定の対象にならない。つまり、企業や学校が公開して行うワークショップは例外にはならないので、厳密に著作権法に基づく手続を行う必要がある。

作品や文章の掲載の許諾

例えば、造形ワークショップで参加者が制作した作品は、その参加者の著作物である。ファシリテータがそれを無断で撮影して公開することは違法行為となってしまう。だから、撮影してもよいか、公表するときには名前を掲載するかといった事項を確認しておく必要がある。一方では個人情報保護の観点からむやみに氏名を表示することが忌避されることもあるので、例えば「会場の参加者一八名のみなさんの作品」といった表示となるだろうが、そうした点もあらかじめ確認しておく必要がある。

こうした配慮は、文章による感想でも同様である。二〇一二（平成二四）年一月に行った「造形ファシリテーション展示会・シンポジウム」の参加者に対する依頼として、感想文用紙に印刷した説明書を参考に掲載する。

下記にご意見、ご感想などをいただき、お帰りの際に受付にお渡しいただくことができましたら幸いです。いただいたご意見などを反映するために、その一部または全部を個人情報が判明しない範囲で『造形ファシリテーション能力獲得プログラム二〇一一年度報告書』に転載することがありますので、どうかよろしくお願い申し上げます。

ここでは、印刷物に掲載するということ（**公表権**）、個人情報は掲載しないこと（**氏名表示権**）、文章の一部のみの抜粋があること（**同一性保持権**）という著作者人格権に関する重要事項について許諾を求めていることになる。こう書くと何か大仰であるが、法律上の事項に留意した説明は、ファシリテータが社会で生きていくためには大切なことである。

子どもたちが対象のワークショップの場合、子どもたちに説明をしたということだけでは不十分で、親権を有する者、保護者への説明と合意が必要となる。例えば、作成した作品を他の展示場やインターネット上で公開するのであれば、保護者への説明文が次のようにあるべきだろう。

保護者のみなさまに制作作品の公開予定のご説明

この造形ワークショップで共同制作した作品は、「一月三一日参加者〇名による共同制作」として、この児童館の一階ラウンジに二月末日まで展示する予定です。また次のホームページにも写真が掲載されます。お子様の表情が写った写真を掲載する場合は、撮影の都度に保護者から公開の許可をいただいた場合のみとします。

他者の作品の使用

他者の著作物を活用するためのルールも著作権法上の大きな課題である。文章であれば、著作権法第三十二条に定める「**引用**」に基づいて、他者の著作物の一部を、「公正な慣行に合致する」ように引用できる。例えば、本書にも多くの書籍などの内容から言葉をカギ括弧でくくって引用して、注釈で著者名、書名、出版社、出版年を明示して記載しているが、これが人文科学系の研究分野における一般的な慣行である。また引用には、あくまでも本文が主たるもので、引用文が従たるものでなければならないとの判例に基づく慣行も確立されている。

これに対して美術作品やその画像の活用については、いま現在も現場では頭を悩ますようなケースが多い。美術批評などにおいて、他者の作品の画像を引用することは人文科学系の引用の例と同じく解釈されると思えるが、トラブルになるケースもある。とくに漫画やアニメのキャラクターについては、その一部だけでも無許諾の使用は控えるのが多くの判例を通じて常識になっている。

美術鑑賞と連動した造形ワークショップでは、作品やその技法に着想を得て行うワークショップが試みられることが多いが、作品の模写や一部を改変するような制作になるのであれば、著作権者または著作者の死後五〇年間（一九六七年以前の死亡の場合）、二〇一八年一二月三〇日からは七〇年間は著作権継承者から許可を受けることが当然である。

子どもはキャラクターものが大好きだから、人気のキャラクターを画面に描き込んだり、コラージュ等の素材として一部を使用したりすることも発生する。家庭内のことであれば著作権法第三十条に定めた「私的使用のための複製」に該当するだろうが、これらを展示や印刷物、インターネット上で公開することは私的使用のための複製の範囲を超える。

このような話を教室ですると、法律に拘束されているという印象だけを美術家になろうとする者は受けることがあるのだが、社会のなかで著作権法によって保護されているのはその美術家や音楽家たちなのだから、権利と義務はつねに並ぶものだと自覚しておく必要がある。

個人情報の保護

個人情報保護法も取り扱いの大変さから企業でも学校でも毛嫌いされがちな法律である。ただ、個人情報の保護を国や地方自治体、企業などに個人の権利の保護を求めたものであるから、その精神をきちんと理解して、ルールにあった活用をしていく必要がある。

法律では次のように**個人情報**を規定している。

個人情報の保護に関する法律（平成十五年五月三十日法律第五十七号）

（定義）

第二条　この法律において「個人情報」とは、生存する個人に関する情報であって、次の各号のいずれかに該当するものをいう。

一　当該情報に含まれる氏名、生年月日その他の記述等（文書、図画若しくは電磁的記録（電磁的方式（電子的方式、磁気的方式その他人の知覚によっては認識することができない方式をいう。次項第二号において同じ。）で作られる記録をいう。第十八条第二項において同じ。）に記載され、若しくは記録され、又は音声、動作その他の方法を用いて表された一切の事項（個人識別符号を除く。）をいう。以下同じ。）により特定の個人を識別することができるもの（他の情報と容易に照合することができ、それにより特定の個人を識別することができることとなるものを含む。）

二　個人識別符号が含まれるもの

〔以下略〕

わかりにくいかも知れないが、個人が識別できる情報は個人情報に該当することになる。住所氏名の明記された参加者名簿や、電話番号簿はもちろんだが、登録のための顔写真や記念で撮影した集合写真も個人情報に該当する。なお、第二号に「個人識別符号」とあるのは、マイナンバーなどの情報を意味する。

実際の法律はさらに、個人情報データベースや保有個人情報の定義、個人情報の取得や訂正、利用停止などを定めている。行政機関での取り扱いは別に「行政機関の保有する個人情報の保護に関する法律」等で定められ、地方自治体の条例や、企業・団体等の個人情報ガイドラインの制定などがなされているから、日本中には驚くべき数のルールが存在することになる。法令では厳密には「個人情報取扱事業者」に該当する規模かどうかが定められるが、個人としてファシリテータを行う場合も、公共施設や企業・団体と連携して行うことになるので、このルールとは無関係にはいかない。

いずれにせよ、氏名や住所などはもちろん、個人の判別する顔写真が個人情報として保護されており、このことを「記録と表現」のプロセスにおいても重視しなくてはならない。

名簿の活用

参加者名簿を連絡用や当日確認用に作るのは当然である。こうした**名簿**も個人情報に該当するものとなるので、取り扱いには注意が必要である。

例えば、名簿を参加者に配るのかどうか、名簿にはどの情報まで記載するのか、さらに名簿を報告書等で公開するのかどうかなどは、言うまでもなく各個人の許諾がなければ決めることができない。ワークショップ作品制作者一覧という形で掲示するのであれば、事前に氏名公開までを含めて確認しておく必要がある。

顔写真の掲載

顔写真は典型的な個人情報として保護の対象となる。一昔前の写真家のなかには、あたりかまわず他人にカメラのレンズを向ける者がいた。最近そのようなことをすれば不審者扱いで通報されるようになったのは、当然の社会現象だろう。

造形ワークショップの記録としても、表情を写真に撮りたくなるものだが、これを「記録と表現」のプロセスに盛り込んで公開していくためには、撮影すること自体の許可とともに、公開することの許可もその本人や保護者から受けなければならない。重要なことなので繰り返すが、撮影の許可と公開の許可は別物である。例えば「記念撮影をします」と許可をとってみんなで一枚を写しても、それは記念撮影をすることの許諾であり、その写真に含まれた個人情報を公開することの許諾は含まれていない。「記念撮影をします。記念写真はそのままホームページに公開します。公開を望まれない方の写真は公開しません。いかがでしょうか」ときちんと説明してから許諾を受ける必要がある。

日頃から固定されたメンバーの場合はこうした作業は容易なのだが、不特定多数の場合にはそうした許諾が行われたかどうかもあやふやになりやすく、トラブルの原因になりやすい。造形ファシリテーション能力獲得プログラムの一環として行っているインターネット上の造形ワークショップ記録の公開当時では、一件あたり二点までの写真掲載ができ、作品や情景、手や背中という本人の特定ができない写真や、掲載者とファシリテータの写真などを掲載した。ただしこれ以外の顔写真は、一律に掲載しないことにしている。本人やファシリテータ以外の許諾の有無までを全体が管理することは「個人情報データベース」の管理としては無理であると判断せざるを得なかったのである。

プライバシーの保護

法令上の保護の対象となる個人情報は極めて広範囲だが、ファシリテータとして留意したい点に、各現場で尊重されるべき**プライバシー**の保護がある。プライバシーは、個人情報のなかでも機微情報と呼ばれる秘密にされるべき情報である。とくに造形ワークショップを社会福祉施設と提携して行う場合、疾病や障害、家族関係などを含めた守秘義務を求められる個人情報に触れることになる。施設職員から注意を受けた疾病や障害についての個人情報はもちろん、施設利用者から世間話として話された本人や家族の内容も含めて、ファシリテータが一度限り訪問するボランティアという立場であったとしても、守秘義務を持っているという自覚が求められる。

記録として表現する注意として

ここまで簡単に記した著作権法や個人情報の保護に関することは、「記録と表現」のプロセスにおいても十分に留意しなければならない。ワークショップの最中にファシリテータは参加者に実名で呼びかけるだろうし、名札や名簿を活用してコミュニケーションをはかりながら記録を行っていくだろう。この現場記録では実名による記録が多く残ることになる。ただこうして集められた表現現場の記録は、ファシリテータがその記録を活用して表現する際に、削除したり伏せたりするものが多く出ることになる。

細かいことであるが、公開する報告書等にはイニシャルも使うべきではない。齋藤さん、高橋さん、長沢さん、三澤さんがいたときに、Sさん、Tさん、Nさん、Mさんと書くと完全に特定できてしまう。イニシャルは個人情報である。匿名にするのなら、Aさん、Bさんと個人名とは無関係に記すべきである。もちろん、主語を匿名にしても内容から判明する表現も避けるべきだろう。

それから私たちが日常的に目にするテレビなどの報道で許諾なく個人の顔写真が使われたり、あるテレビ局では何人以上の集合写真は問題がないとされるといったことを聞いたりするが、これは私たちの「記録と表現」の参考にはならない。マスコミによる報道は報道の自由という社会的使命のために個人情報保護法の適用から除外されている別世界だからである。

どうしても法律の話は堅苦しくなるが、造形ワークショップが社会に広がっていくためには、社会のルールとマナーとも合致してゆかねばならない。そうしたことを身につけることも記録力の重要な要素なので強調しておきたい。

註

1　武蔵野美術大学学長長尾重武発・文部科学大臣宛「平成一八年度「特色ある大学教育支援プログラム」申請書」二〇〇六年四月。

2　木村政伸『資料にみる近世教育の発展と展開』東京法令出版、一九九五年。リチャード・ルビンジャー著・川村肇訳『日本人のリテラシー　一六〇〇—一九〇〇年』柏書房、二〇〇八年（原著二〇〇七年）。松塚俊三・八鍬友広編『識字と読書　リテラシーの比較社会史』昭和堂、二〇一〇年。

3　久木幸男『日本古代学校の研究』玉川大学出版部、一九九〇年。高校生のための読みやすいものとして、川村肇『歴史総合パートナーズ3　読み書きは人の生き方をどう変えた？』清水書店、二〇一八年。

4　高橋陽一・岩崎清・葉山登・杉山貴洋編著『二〇〇六年度文部科学省選定特色ある大学教育支援プログラム（特色GP）美術と福祉プログラム概要紹介』武蔵野美術大学、二〇〇六年一〇月。

5　小串里子『ワクのない表現教室—自己創出力の美術教育』フィルムアート社、二〇〇〇年。小串里子『みんなのアートワークショップ—子どもの造形からアートへ』武蔵野美術大学出版局、二〇一一年。

6　報告書の作り方については、ファシリテータとしての視点から田中千賀子「第2章第六節　報告書をまとめる」『造形ワークショップ入門』（武蔵野美術大学出版局、二〇一五年）、子どもたちが作る視点からは葉山登「第9章　体験の軌跡をたどる報告書作り」『総合学習とアート』（武蔵野美術大学出版局、二〇一九年）で説明がされている。

7　紙芝居の作り方については、杉山貴洋「第8章　体験の共感を表現する紙芝居」『総合学習とアート』（武蔵野美術大学出版局、二〇一九年）で説明がされている。

8　志田陽子編『あたらしい表現活動と法』武蔵野美術大学出版局、二〇一八年。なお、ワークショップの分野では、ワークショップ知財研究会編『こどものためのワークショップ―その知財はだれのもの？』アム・プロモーション、二〇〇七年が注目される。

Q＆A：授業で寄せられた質問から

――著作権法は勉強しているつもりですが、表現の世界で社会生活をすると思うと、とても不安です。（受講学生から）

よくわかります。著作権のプロと呼ぶべき著作権の実務を行う人たちも、法令や判例が常に変化する世界ですから、細心の注意を払って行っています。私自身の考え方として言うと、君子危うきに近寄らずではありませんが、許諾に手数や経費が多くかかる作品などは公開のための複製などをしないことです。またマナーも含めて考えて、正当な形で行った引用をした場合も、公表した文献をその著作権者に謹呈するなどの敬意を表するべきでしょう。また、企業・団体等として行う場合は、是非とも専門家に相談して行うことをお勧めします。

――記録と表現ですが、学校の現場では子どもの権利の保護などに慎重で、とても難しいです。児童作品の展示や氏名の公開なども後ろ向きになって危惧しています。（免許状更新講習の現職教員から）

権利保護の大変さは同感ですが、同時に、それが現在の常識だと思います。権利や義務を考えると、多くの手続が発生して、手数が増えます。二〇世紀までは名簿や顔写真も学校では気にせずに活用していましたので、そのころを経験した人は、大変さを感じているのも当然です。しかし、日常生活も教育現場も情報化が進み、トラブルが瞬時に世界を駆け巡る時代ですから、慎重に進めていく責務があると思います。また無理なことは無理とあきらめることも大切です。もちろん、トラブルなく積極的に発信するためにも、ここで説明した様々なノウハウも活かしてほしいと思います。

練習問題：深い学びのための

ワークショップを実際に行うケースや、または行う場合を想定して、発生する個人情報保護や著作権保護について考えて列記してください。そしてその課題をクリアするためには、どんな手続が必要かを列記してください。

参考手法：小さなポスターセッション

活用できるプリンタの最大サイズ（Ａ３またはＡ４）で、自分の実施したワークショップを一枚のポスターで示して、一般的に公開できるものをつくりましょう（図表10）。まずは仮想でよいのですが、掲載するべき写真や文字情報について、著作権法や個人情報保護法などに

図表 10　ワークショップを紹介するポスター作成

（企画名）「名画を演劇で再現する」

○月○日、○○児童館で、だれでも知っている名画を子どもたちのパフォーマンスで再現しました。

作品写真	○○作の作品「○○○○」はみなさん知っていますね。
この作品に描かれた場面の前後を想像して演劇をしました。	子どもたちの活動の写真

←著作権の保護期間内であれば国内外を問わず作品の掲載許可が必要。保護期間が過ぎても撮影写真等の著作権が主張されているケースもある。

←子どもたちの写真は、掲載することの許可が必要。口頭で未成年者に呼びかけるのではなく、保護者が確認できる文書にしておく必要がある。

照らして必要な手続を想定してください。

参考資料：さらに読み解くために

著作権法については、多くのマニュアルや研究書が刊行されていますので、活用してほしいと思います。入門的には、文化庁著作権課のウェブページで、「著作権なるほど質問箱」など入門的な説明が各種公開されていますので、お勧めできます。

個人情報保護法についても刊行物が多いのですが、各省庁の他、個人情報保護委員会が公開しているウェブページの情報が参考にお勧めできます。

記録と表現については、ここで紹介したワークショップ関係書のほか、美術館・博物館の展示や図録類、学校の実践報告などの実例を多くみてほしいと思います。ただし、学校は著作権法第三十五条（学校その他の教育機関における複製等）、美術館図録は第四十七条（美術の著作物等の展示に伴う複製等）という例外が適用されていますので、一般の公開展示や印刷物には適用できないことがあることを理解しておく必要があります。

あとがき

この一〇年、あるいは、三〇年のワークショップをめぐる環境の変化は、非常に大きい。一九九八（平成一〇）年度に武蔵野美術大学で私が「美術と福祉プログラム」を提起した時代は、ワークショップ実践の先達たちの努力にもかかわらず社会福祉施設でのワークショップの理解は低いものだった。二〇〇八年度に免許状更新講習の文部科学省による試行実施をしたときに美術教員に造形ワークショップを語ると、「デッサン力を軽視している」という反発が随分とあった。このように考えると、社会福祉や学校教育はもちろん、地域社会や企業社会までワークショップという言葉は、広く定着したと言える。

このなかで、本書を刊行する意味は、二つある。一つは、美術大学の学生から出される「ワークショップというと子どものイメージがある」などの、特定の属性に傾きがちなワークショップについて、なぜ「みんな」ということを強調するのかを明らかにすることである。二つは、「学校教育でのワークショップの導入は学力を低下させるのではないか」という現在も続く違和感に応えることである。このため、生涯学習社会や共生社会という理念を掲げて、「手法としてのワークショップ」という学校教育での位置づけを明確にしたのが、本書を通じての強調点である。さらに、「手法」という点では、技法書というよりも、ファシリテーション能力を意識して、ファシリテータの発想や思考や記録のプロセスを明確にするための様式やメモなどの資料類をできる限り掲載した。

本書の作成にあたっては、「美術と福祉プログラム」とワークショップ実践研究などを共同して推進する、武蔵野美術大学の同僚教員の資料提供や協力がある。多くの授業と講習を通じて試行錯誤して意見や質問を出した学生や免許状更新講習受講者の各位に心から御礼を申し上げたい。編集には出版局の木村公子編集長ほかの大変な尽力をいただいた。また教職資料閲覧室の元スタッフ赤羽麻希氏、髙田正美氏、現スタッフの嵜野治子氏、石川彩香氏の校正協力を受けた。

本書を提供することにより、ワークショップのあり方を一人で試行錯誤している作家やデザイナー、言語活動やアクティブ・ラーニングを模索している美術教員、そして二〇世紀とは違った意味で社会を意識して学んでいる学生たちを応援することになれば幸いである。

二〇一九年二月一日

高橋　陽一

【さ行】

【た行】

索引

本文に太字で示した重要語句のページ数を記した

高橋陽一（たかはし・よういち）

一九六三年生まれ。東京大学大学院教育学研究科博士課程満期退学。武蔵野美術大学造形学部教授。日本教育史（国学・宗教教育）を専攻。単著に『新しい教育通義』、『美術と福祉とワークショップ』（いずれも武蔵野美術大学出版局）、『くわしすぎる教育勅語』（太郎次郎社エディタス、二〇一九年）、『共通教化と教育勅語』（東京大学出版会、二〇一九年）。監修に『ワークショップ実践研究』、共編著に『総合学習とアート』、『特別支援教育とアート』、『道徳科教育講義』、『新しい教育相談論』、『造形ワークショップ入門』、『新しい教師論』、『新しい生活指導と進路指導』、『造形ワークショップの広がり』（いずれも武蔵野美術大学出版局）、共著に岩波書店編集部編『教育勅語と日本社会』（岩波書店、二〇一七年）、教育史学会編『教育勅語の何が問題か』（同、二〇一七年）、駒込武／奈須恵子／川村肇編『戦時下学問の統制と動員 日本諸学振興委員会の研究』（東京大学出版会、二〇一一年）、東京大学史史料室編『東京大学の学徒動員・学徒出陣』（同、一九九八年）、寺﨑昌男／編集委員会編『近代日本における知の配分と国民統合』（第一法規出版、一九九三年）ほか。

ファシリテーションの技法
アクティブ・ラーニング時代の造形ワークショップ

二〇一九年四月一日　初版第一刷発行

著者　高橋陽一

発行者　天坊昭彦
発行所　株式会社武蔵野美術大学出版局
〒一八〇—八五六六
東京都武蔵野市吉祥寺東町三—三—七
電話　〇四二二—二三—〇八一〇（営業）
〇四二二—二二—八五八〇（編集）

印刷・製本　株式会社精興社

定価は表紙に表記してあります
乱丁・落丁本はお取り替えいたします

ISBN978-4-86463-099-3　C3037　Printed in Japan